Karl Purgold

Archäologische Bemerkungen zu Claudian und Sidonius

Karl Purgold

Archäologische Bemerkungen zu Claudian und Sidonius

ISBN/EAN: 9783744603713

Hergestellt in Europa, USA, Kanada, Australien, Japan

Cover: Foto ©ninafisch / pixelio.de

Weitere Bücher finden Sie auf **www.hansebooks.com**

Archäologische Bemerkungen

zu

CLAUDIAN und SIDONIUS

von

Karl Purgold.

Gotha.

Friedrich Andreas Perthes.

1878.

Seinem verehrten Lehrer

Heinrich Brunn

in herzlicher Dankbarkeit

gewidmet.

Den Ausgangspunkt dieser Arbeit bildete eine Anzahl von
Schilderungen in den Gedichten des C. Sollius Apollinaris
Sidonius, deren äusserer Anschein es nahe legt, in ihnen Be-
ziehungen zu Werken der bildenden Künste anzunehmen. Es
sind dies einerseits poetische Beschreibungen von Kunstgegen-
ständen, besonders von Darstellungen auf kunstvoll verzierten
Geweben und Schilden, andererseits aber, und zwar zum
grösseren Theil, Schilderungen, in denen er die Erscheinung
mythologischer Wesen ausmalt, wie er sie häufig in seinen
Gedichten auftreten lässt. Es ist bekannt, dass Stellen der
einen wie der anderen Art überhaupt bei den römischen
Dichtern nicht selten sind, und es ist oft und in verschie-
denem Sinne der Versuch gemacht worden, sie als das Ergebniss einer unmittelbaren Anschauung von Kunstwerken
hinzustellen. Dass Sidonius dabei nur erst sehr wenig in
Frage gekommen ist, kann bei dem eigenthümlichen Charakter
dieses etwas abgelegenen Autors [1]) keineswegs auffallen; und
doch nimmt gerade bei ihm diese Erscheinung eine relativ
bedeutende Ausdehnung ein.

Eine directe Bezugnahme auf künstlerische Darstellungen
ist nun bei diesem späten und auf Gallischem Boden heimischen

---

[1]) Sidonius ist bisher am besten edirt von Sirmond 1614 und 1652
und später nur in dem Wiederabdruck mit französischer Uebersetzung von
Gregoire et Collombet, Paris 1836—1839, der in Deutschland wenig
verbreitet ist. Gegenwärtig steht ihm jedoch, dem Vernehmen nach,
eine doppelte Wiederherausgabe bevor: von Eyssenhardt bei Teubner
und von Lütjohann in den Monum. Germaniae.

Schriftsteller von vornherein wenig wahrscheinlich; ein eingehenderes Studium seiner poetischen Werke in ihrem Verhältniss zu denen anderer römischer Dichter führte auch bald zu dem Ergebniss, dass hier keineswegs eine eigentliche Kunstanschauung zu Grunde liegt, sondern eine weitgehende Benutzung früherer Dichter, die in den meisten Fällen deutlich nachweisbar ist. Vor allen anderen ist Claudian die unmittelbare Quelle der poetischen Schilderungen bei Sidonius, und es erschien deshalb nöthig, ihn ganz in den Umfang dieser Untersuchung aufzunehmen. Aber auch bei ihm ist der grösste Theil seiner malerisch ausgeführten Beschreibungen mythologischer Gegenstände nicht aus der Erinnerung an künstlerische, sondern vielmehr an andere poetische Darstellungen hervorgegangen.

Wir haben es hier mit einem Gemeingut der römischen Poesie zu thun, das bei der grossen Abhängigkeit der römischen Dichter untereinander und der vielleicht noch grösseren Abhängigkeit der älteren unter ihnen von griechischen Vorbildern, zu einer poetischen Tradition sich gestaltet hat, die von dem Einzelnen in freiester Weise angewendet und fortgebildet wird, ohne dass dabei von wirklicher Kunstanschauung mehr als ganz allgemeine Reminiscenzen an weitverbreitete oder besonders berühmte Kunstdarstellungen zu Tage treten. Es gilt das meiner Ueberzeugung nach nicht allein von jenen späteren Dichtern, sondern ebenso von denen der Augusteischen Zeit, unter welchen besonders Ovid noch neuerdings mehrfach in entgegengesetztem Sinne behandelt worden ist.

Das Interesse dieser poetischen Schilderungen liegt für uns daher nur zum geringeren Theile in ihrem materiellen Inhalt; auch würde es in diesem Fall immer nur ein untergeordnetes sein, denn als Producten dichterischer Phantasie könnte ihnen doch nie der Werth eigentlicher Kunstbeschreibungen zukommen, auch wenn sie aus einer unmittelbareren Kunstanschauung hervorgegangen wären. Von grösserem Interesse erscheint es dagegen, die Art der Auffassung und Verwendung mythologischer Gegenstände zu betrachten, welche sich in diesen Schilderungen römischer Dichter ausspricht, und sie mit der zu vergleichen, welche uns in den Kunstdenkmälern entgegentritt. Eine Untersuchung dieser Art kann der Erklärung der Monumente gewiss noch vielfach zu gute kommen, indem sie einerseits die specifisch römischen Anschauungen, welche auch in der Kunst ihren Ausdruck gefunden haben, in sprechender Weise erläutert, und andererseits, indem sie die Grenzen bestimmen hilft, welche bei der archäologischen Verwerthung der römischen Poesie einzuhalten sind.

Die Auffassung von dem Wesen und der äusseren Erscheinung mythologischer Personen und Personificationen, welche sich in solchen Schilderungen bei den römischen Dichtern erkennen lässt, ist in gewissem Masse natürlich durch individuelle Eigenschaften bestimmt, und was Sidonius betrifft, von dem wir zunächst ausgehen, so macht sich hier der besondere Charakter dieses Schriftstellers geltend, welcher zugleich christlicher Bischof und Heiliger und Verfasser zahlreicher von heidnischer Mythologie erfüllter Gedichte ist. Die innere Unwahrheit dieser äusserlichen Verbindung zweier heterogener Elemente prägt sich deutlich in der prosaischen und poetischen Schriftstellerei des Sidonius aus, welche von der literarhistorischen Kritik [1]) übereinstimmend und zutreffend dahin beurtheilt worden ist, dass bei ihm die formale, rhetorische Seite vollständig über den Gedanken, den Inhalt dessen, was er darzustellen hat, überwiegt. Die Gegenstände, die er in seinen Briefen und Gedichten behandelt, sind ihm nur Mittel zur Entfaltung historischer und mythologischer Gelehrsamkeit und einer phrasenhaften Kunst des Stils und der Composition, wozu in allen Stücken, die an Personen von höherem weltlichen oder geistlichen Rang, an Kaiser, Bischöfe und hochgestellte Freunde gerichtet sind, noch der Trieb einer Schmeichelei kommt, die sich in übertreibenden Vergleichungen mit historischen und mythologischen Personen

---

[1]) Vgl. Bernhardy, Gesch. der röm. Literatur 1865, S. 344 und die daselbst angeführte Literatur. Teuffel, Gesch. der röm. Literatur, 3. Aufl., § 467. Ebert, Literatur des Mittelalters I, 401 ff.

zum Preis des Gefeierten nicht genug thun kann. Sidonius hat eine gewisse Gabe im Ausmalen gegebener Bilder; im Einzelnen folgt er dabei einer unüberwindlichen Neigung zu frappanten, witzigen Wendungen des Gedankens und zu geziertem, oft dunklem Ausdruck. Dagegen ist er unglaublich arm an eigener Erfindung und besonders an poetischem Compositionstalent; in seinen Gedichten sucht er sich die für die jedesmalige Aufgabe passenden Motive mühsam und verstandesgemäss zusammen, indem er sie meist aus anderen Dichtern entlehnt, und führt sie dann in möglichst wortreicher Breite aus. Ein Bild, das er sich einmal auf diese Weise angeeignet hat, lässt er sich an einer anderen Stelle, wo er es nochmals verwenden konnte, nicht leicht wieder entgehen und so ist er voll von Wiederholungen und Plagiaten.

Diese schriftstellerischen Eigenthümlichkeiten treten ganz besonders da hervor, wo er historische Gegenstände behandelt, und so kommt es, dass bei der hierauf gerichteten Untersuchung seiner Werke [1]) die eigentliche Ausbeute für die Geschichte schliesslich viel geringer war, als sich bei dem Umfang von Material, das er enthält, noch dazu für eine Zeit, deren übrige historische Quellen sehr mangelhaft sind, erwarten liess. Für unseren Zweck jedoch ist dieser besondere Charakter des Sidonius weniger störend; sein Christenthum kommt für die Gedichte, mit denen wir es hier ausschliesslich zu thun haben, bis auf einzelne, fest umschriebene Ausnahmen, gar nicht in Betracht. Vielmehr steht er mit diesen ganz auf dem Standpunkt der eigentlich römischen Poesie, und speciell jene mythologischen Schilderungen sind

---

[1]) Ausser der Behandlung in allgemeineren historischen Werken (bei Gibbon, Bd. VI, bes. Cap. 36) sind hier noch zwei Specialarbeiten zu nennen: M. Fertig, C. Soll. Apoll. Sid. und seine Zeit (Progr. des Gymn. zu Münnerstadt, Würzburg 1845 und 1846, und des Gymn. zu Passau 1848) und G. Kaufmann: Die Werke des C. S. Ap. Sid. als eine Quelle für die Geschichte ihrer Zeit (Dissertat., Göttingen 1864) und 2 Aufsätze im Neuen Schweiz. Museum 1865, Bd. V, S. 1 und in Raumers Histor. Taschenbuch 1869, S. 30.

viel weniger seine Producte, als das Eigenthum früherer
Dichter. Hier macht sich seine persönliche Eigenthümlichkeit fast nur in der äusseren Form des Ausdrucks geltend,
und von dieser lässt sich um so leichter absehen, als wir fast
überall auf seine Vorbilder, in den meisten Fällen Claudian, in
einigen anderen Ovid und Statius, zurückgehen können.

Hierdurch und durch eine noch weitergehende Berück-
sichtigung Claudians ist der Gefahr vorgebeugt, allgemeinere
Schlüsse aus Erscheinungen abzuleiten, welche nur aus individuellen Besonderheiten hervorgehen; und unter dieser Voraussetzung erscheint es nicht unpassend, eine Untersuchung
über die specifisch römische Art in der Auffassung und Verwendung der Mythologie gerade an jene späteren Dichter an-
zuknüpfen.

In der bildenden Kunst kommt der national-römische
Charakter weniger in den Erzeugnissen der Augusteischen
Periode, die noch vielfach von griechischen Einflüssen unmittelbar abhängig sind, zur Erscheinung, als in den Monumenten
der Trajanischen und noch späterer Zeit; und ebenso sind in
der Poesie die Augusteischen Dichter noch direct durch
griechische Vorbilder beeinflusst, während jene späteren und
fast nur von römischen Vorbildern abhängigen Dichter vor-
zugsweise geeignet erscheinen, die besondere Richtung der
eigentlich römischen Anschauungen erkennen zu lassen.

Eine hierauf gerichtete Untersuchung ist auch für die
Frage nicht ohne Bedeutung, über welche früher in den Er-
örterungen „über den Kunstsinn der Römer" [1]) lebhaft ver-
handelt worden ist und die jetzt wohl in der Hauptsache
als in dem Sinne erledigt betrachtet werden kann, wie sie in
Friedländers „Sittengeschichte Roms" [2]) sich dargestellt findet.
Es ist jedoch auffallend, dass sich die Behandlung dieses

---

[1]) L. Friedländer, Königsberg 1852, und die Entgegnung von
C. Fr. Hermann. Winckelmanns Progr. d. arch.-numism. Instituts
zu Göttingen 1856. Replik von Friedländer in der Anzeige dieser
Schrift in Fleckeisens Jahrb. LXXIII, p. 391.

[2]) Bd. III, S. 206 ff.: „Der Kunstsinn".

Gegenstandes auf einen Theil des Materials beschränkt hat, und zwar auf die römische Literatur, während ein anderer Theil unberücksichtigt geblieben ist, welchem zu seiner Beurtheilung gerade eine hervorragende Bedeutung zukommen dürfte, nämlich die Monumente der römischen Kunst. In dem uns überkommenen Denkmälervorrath finden sich nicht wenige Werke, in welchen speciell römische Anschauungen und Ideen zum Ausdruck kommen und es ist für die Beurtheilung des Kunstsinns der Römer gewiss von wesentlichem Interesse, zu erkennen, worin der besondere Charakter dieser specifisch römischen Anschauungsweise besteht. Hierauf ist die Absicht dieser Arbeit gerichtet, indem sie durch eine Betrachtung der eigenthümlichen Auffassung und Verwendung der Mythologie, welche sich bei diesen Dichtern zeigt, zur Erläuterung und Erklärung römischer Monumente Einiges beizutragen versucht.

Das Material, welches Sidonius und Claudian einer solchen Untersuchung darbieten, ist dabei so geordnet, dass wir eine Reihe von Schilderungen voranstellen, die für die römische Auffassung mythologischer Wesen besonders bezeichnend sind, nämlich Personificationen staatlicher und geographischer Begriffe, denen eine eigentliche mythologische Berechtigung nicht zukommt, die von den Dichtern aber ganz wie wirkliche Götter behandelt werden. Hieran werden sich die Beschreibungen oder kürzeren Erwähnungen mythologischer Wesen anreihen, die von den Dichtern in einer für die römische Gedankenrichtung charakteristischen Weise eingeführt werden; an diese schliessen wir die angeblichen Kunstbeschreibungen, welche sich bei Sidonius finden, an und einige wenig bedeutende Stellen, an denen er von wirklich existirenden Kunstwerken zu sprechen scheint.

I.

In den grösseren historischen Gedichten des Sidonius, den drei Panegyriken, welche er nach einander den Kaisern Avitus, Majorian und Anthemius gehalten hat, gehört es zur stehenden Form der Einkleidung, dass er ein Wesen wie Roma oder Italia auftreten lässt, um durch dessen Mund dem Kaiser, an welchen das Gedicht gerade gerichtet ist, einen Theil seiner Schmeicheleien sagen zu lassen. Diese Personificationen mitten in ganz realistisch-historischen Gedichten sind schon der geschichtlichen Behandlung seiner Werke ein besonderer Anstoss gewesen. Auch die literarhistorische Kritik wird in ihnen eine der schwächsten Parthieen seiner Leistungen zu erkennen haben, da gerade hier die Dürftigkeit der Erfindungsgabe und der gänzliche Mangel an eigener Phantasie bei Sidonius besonders stark hervortritt, denn er erscheint hier vollständig als Nachahmer und zum Theil wörtlicher Nachschreiber Claudians.

Für unsere Betrachtung sind indessen diese Schilderungen gerade deshalb von Interesse, weil sie uns über Sidonius hinaus und auf frühere Dichter zurückführen, und sich daher gerade an ihnen erkennen lässt, in wie weit sich solche poetisch ausgeschmückte Beschreibungen bei römischen Dichtern überhaupt in Uebereinstimmung mit der Darstellung derselben Gegenstände in der bildenden Kunst befinden.

In dem ersten Panegyricus [1]), den er zu Ehren seines Schwiegervaters, des Kaisers Avitus, im Jahre 456 n. Chr. auf dem Capitol gehalten hat, schildert er im Eingang eine Versammlung aller Götter, in welcher Roma trauernd und klagend auftritt und sich Jupiter mit der Bitte um Abhülfe ihrer Leiden zu Füssen wirft. Den ganzen weiteren Inhalt des 600 Verse langen Gedichtes legt Sidonius Jupiter selbst in den Mund, der die Göttin tröstet und ihr den Avitus zum Herrscher verheisst, dessen Thaten und Verdienste er aufzählt. Aehnlich wird in dem zweiten Panegyricus, dem des Majorian [2]), den er im Jahr 458 in Lyon dem siegreich dort einziehenden Kaiser hielt, gleich im Eingang Roma vorgeführt, auf einem Throne sitzend, der aus kostbaren Marmorarten erbaut ist; ihr nahen alle Völker der Erde und jedes bringt ihr seine Erzeugnisse dar. Endlich tritt Africa auf; sie wirft sich weinend vor dem Thron nieder und fleht um Hülfe in ihrer Bedrängniss durch die Vandalen; sie bittet sich den Majorian als Retter aus, dessen Abstammung, Tugenden und Thaten sie langathmig preist, und Roma gewährt ihre Bitte.

Etwas complicirter ist die mythologische Einkleidung des dritten Panegyricus des Sidonius [3]), den er dem Kaiser Anthemius zum Antritt seines zweiten Consulats am 1. Januar 468 gehalten hat. Hier wird zuerst durch 300 Verse hindurch die Vaterstadt des Anthemius, Constantinopel, seine Geburt und Erziehung, sowie seine Jugendthaten geschildert. Dann tritt Oenotria auf (Vers 318); sie bemerkt von der Höhe des Apennin herab den Tod des Kaisers Severus und geht zum krystallnen Hause des Tibor, dem sie aufträgt, zur Roma zu gehen und sie zu bitten, dass sie sich vom Osten den Anthemius zum Kaiser hole. Der Flussgott folgt dem

---

[1]) Carmen VII. Diese drei Gedichte stehen in den Ausgaben in einer der historischen gerade entgegengesetzten Reihenfolge.

[2]) Carmen V.

[3]) Carmen II.

Geheiss und kommt zur Roma, die, nachdem sie seinen Auftrag vernommen hat, sich aufmacht und durch den Aether nach dem Palast der Aurora begiebt, von welcher sie den Anthemius als Herrscher erhält.

Diese ganze Form der Composition panegyrischer Gedichte ist eine Nachahmung Claudians, bei welchem schon eine mythologische Einkleidung der Thaten, die er zum Lobe des Stilicho, des Honorius und anderer Personen besingt, förmlich zur Manier geworden ist; schon bei ihm spielen in dem mehr poetisch, als mythologisch motivirten Apparat, den er zu diesem Zweck aufbietet, Wesen wie Roma und Oenotria eine grosse Rolle. So erscheint jene in dem Gedicht, welches das Consulat des Probinus und Olybrius verherrlichen soll[1]), vor dem Kaiser Theodosius und erbittet von ihm diese Würde für die Söhne des Probus, deren Lob der Dichter ihr in den Mund legt. Ganz ähnlich lässt er in dem Panegyricus des Stilicho[2]) eine ganze Anzahl solcher Personificationen auftreten, um seinen Helden zur Annahme des Consulats zu bewegen: Hispania, Gallia, Britannia, Africa, Oenotria versammeln sich im Tempel der Roma auf dem Palatin und schicken die Göttin zum Stilicho, damit sie ihn überrede.

Die Schilderungen, welche Claudian und nach ihm Sidonius von diesen Prosopopoeien mehr oder weniger ausführlich entwirft, entsprechen nach Abzug dessen, was nur auf Rechnung der Situation, in welcher der Dichter sie einführt, zu setzen ist, im Allgemeinen den Darstellungen dieser und ähnlicher Wesen in der bildenden Kunst und besonders auf römischen Münzen. Zu jenen momentanen Zügen, die nicht der Charakteristik der betreffenden Gestalt, sondern der poetischen Ausmalung der Situation angehören, ist es natürlich zu rechnen, wenn Sidonius[3]) die trauernde Roma beschreibt: mit hängendem Haar, das mit Staub statt mit dem

---

1) Carm. I, 75 sqq.
2) II. Carm. XXII, 223 sqq.
3) Carm. VII, 45 sqq.

Helm bedeckt ist u. s. w., eine Schilderung, deren Farben aus Claudian [1]) entlehnt sind, der die trauernd und ausgehungert auftretende Roma beschreibt:

> vox tenuis, tardique gradus, oculique latentes
> interius, fugere genae, jejuna lacertos
> exedit macies; umeris vix sustinet aegris
> squalentem clipeum: laxata cassido prodit
> canitiem, plenamque trahit rubiginis hastam.

Ebenso ist die Schilderung der weinenden Africa bei Sidonius [2]), die sich die Aehren, welche sie auf dem Haupte trägt, an dem Throne der Roma niederfallend zerknickt, eine blosse Nachahmung Claudians [3]), der sie mit zerrissenem Gewande, zerpflückte Achrengewinde und gebrochenen Elephantenzahn im Haar, auftreten lässt. An einer anderen Stelle [4]) drückt Claudian das für die Erscheinung der personificirten Africa Charakteristische einfach aus:

> spicis et dente comas illustris eburno.

Diese beiden Attribute bilden auch die typische Bezeichnung der Africa in ihren zahlreichen Darstellungen auf römischen Münzen [5]), wo sie ausserdem häufig noch durch weitere Abzeichen: Füllhorn, Löwen, Scorpion etc. in demselben Sinne als Spenderin der Fruchtbarkeit und Erzeugerin wilder Thiere charakterisirt ist. Auch auf dem Fragment einer Gemme [6]), auf welcher Africa neben einem Kaiser, der

---

[1]) De bello Gildon. XV, 21 sqq.

[2]) Carm. V, 53 sqq.

[3]) De bello Gildon. XV, 136 sqq.

[4]) De laud. Stilich. II. XXII, 256.

[5]) So auf Münzen Hadrians Cohen, Adrien 81 ff. 447 ff. 651 ff. 1053 ff.; des Commodus Cohen, Comm. 212 f. und auf einem schönen Bronzemedaillon dieses Kaisers Cohen, Comm. 348, das in den Roman medallions in the Brit. Mus. Pl. XXXIII, 3 publicirt ist.

[6]) Publicirt in der Ausgabe von Corippus, Johann. von Mazzucchelli (Mediol. 1820). Der Besitzer erklärt (praef. p. LXV sqq.) den Kaiser für Hadrian; doch lässt sich dies bei dem Fehlen des Kopfes nicht entscheiden.

mit der Opferschale hinter einem Altar steht, erhalten ist,
erscheint sie mit den Exuvien des Elephanten auf dem
Haupt, in der Linken ein Büschel Aehren und Mohn haltend,
während die Rechte den Kaiser bekränzt zu haben scheint [1]).
Claudians Beschreibung geht hier also von einer lebendigen
Vorstellung von der Erscheinung dieses Wesens, wie sie in
zahlreichen Darstellungen überliefert ist, aus, während bei
Sidonius eine unmittelbare Reminiscenz dieser Art nicht
wahrzunehmen ist. Er hat nur die Stelle Claudians zum
Vorbild und lässt bei ihrer Nachahmung gerade dasjenige bei
Seite, was für Africa im Unterschiede von anderen Wesen
dieser Art das Charakteristische ist: die vom Elephanten ent-
nommenen Abzeichen; und bezeichnend für die Art, wie er
solche Motive aus anderen Dichtern entlehnt, indem er sie in
seiner Weise ausmalt und vergröbert, ist es, dass bei ihm
Africa als vollständige Negerin erscheint: nigras lacerata genas,
während Claudian nur sagt: calido rubicunda die.

Ebenso ist die Beschreibung der Oenotria bei Sidonius [2])
der Idee nach ganz aus Claudian entlehnt und von ihm nur
mit mehr Worten ausgemalt, welche nicht die plastische Vor-
stellbarkeit erhöhen, sondern vielmehr den abstracten Begriff
dieses Wesens auf Kosten derselben hervorheben. Er will die
Personification des üppigen, weintragenden Italien schildern,

---

[1]) Ein Kopf der „Africa" bei Cavaceppi, Raccolta d' ant. stat., tav.
49 scheint nicht hierher gehörig; es ist ein weiblicher Kopf, zum Ein-
setzen in eine Statue bestimmt, mit langem Lockenhaar und Schleier,
in dessen oben aufliegendem Theil aber nicht die Exuvien des Elephanten
erkennbar sind, während die Aehren darüber ohne Zweifel der Restaura-
tion angehören werden. Ein anderer Kopf der Gal. Giustiniana II, 44
dagegen ist durch den Elephantenhelm deutlich charakterisirt; ebenso
findet er sich in kl. Bronzen, z. B. in Wien: Sacken, Die ant. Bronzen
des k. k. Münz- und Ant.-Cab., Taf. XIII, 11; im British Museum:
guide to the bronze room p. 55. Ein Kopf des Berliner Museums (Gerhard, Berl. Ant. Bildw., Nr. 388) ist durch seine Verbindung mit einem
Tritonkopf zu einer Doppelherme besonders interessant.

[2]) Carm. II, 321 sqq.

also lässt er sie auftreten, nicht mit Helm und Rüstung versehen,

sed nudata caput; pro crine racemifer exit
plurima per frontem constringens oppida palmes.

Schultern und Arme sind mit leinenem Gewande bedeckt, das
gemmentragende Spangen zusammenhalten; statt eines Stabes
führt sie eine rebenumrankte Ulme, üppige Fruchtbarkeit
folgt ihren Schritten, wohin sie tritt, quillt unter ihren Füssen
eine lachende Weinärnte. Hier erscheint die Göttin zum
Theil in den Begriff dessen, was sie personificiren soll, übergegangen oder verwandelt: sie trägt nicht Reben im Haar,
sondern statt des Haares und wie die Stadtgöttinnen sonst als
Abzeichen die Thürme der Stadt, die sie repräsentiren, auf
dem Haupt tragen, so muss Oenotria hier, weil sie ein ganzes
Land personificirt, auch „plurima oppida" in dem Weinstock
auf ihrem Kopf umschliessen. Von alledem findet sich bei
Claudian [1]) noch nichts; er beschreibt die Erscheinung der
Oenotria gar nicht weiter, sondern giebt ihr nur epheuum-
rankte Reben als Attribut. Es scheint nicht, als ob Italia
gerade in dieser Auffassung von der Kunst dargestellt worden
sei; auf Münzen [2]) erscheint sie öfters, nur durch das Füllhorn als segenspendende Gottheit charakterisirt; aber was
Claudian von ihr angiebt, entspricht ganz der Art, wie solche
Wesen in der römischen Kunst aufgefasst wurden. So erscheint beispielsweise auf der Puteolanischen Basis [3]) unter
den vierzehn dort dargestellten Städtegottheiten der wein-
tragende Tmolus als ein Jüngling mit Nebris und Stiefeln
bekleidet und in der Rechten einen Weinstock haltend, eine
Mauerkrone auf dem Haupt.

---

[1]) XXII. De laud. Stilich. lib. II, 262 sq.
[2]) Vgl. die Münzen Hadrians Cohen, Adr. 60 ff. 285 ff. 603 ff.
1076, des Septim. Severus Cohen, Sept. 133 oder mit Mauerkrone und
Scepter Cohen, Antonin 641 ff., Commod. 569.
[3]) Jahn, Ber. der sächs. Gesellsch. der Wissensch., phil.-hist. Cl.
1851. Overbeck, Gesch. d. griech. Plastik II, 364.

Die griechischen Beispiele solcher Darstellungen, von denen wir wissen, unterscheiden sich zum Theil durch den Mangel einer individuellen Charakteristik von diesen späteren. So erscheinen z. B. auf der Neapler Dariusvase [1]) Hellas und Asia als zwei ganz allgemein gehaltene, ideale Frauengestalten, ohne irgend welche Attribute, so dass sie ohne die dabei stehenden Inschriften gar nicht zu erkennen sein würden. Auf dem Relief Chigi [2]), dessen Original durch die Beziehung auf die Schlacht von Arbela eine chronologische Anknüpfung gewinnt, wenn es auch selbst erst aus römischer Zeit sein sollte, wird der Schild, auf welchem diese Schlacht dargestellt ist, von zwei langbekleideten Frauen mit Mauerkronen gehalten, die als Europa und Asia bezeichnet sind und sich nur durch geringe Abweichungen in der Gewandung von einander unterscheiden.

Nach diesen erhaltenen Beispielen haben wir uns auch einige nur literarisch überlieferte Darstellungen dieser Art jedenfalls als ähnliche Idealgestalten ohne individuelle Charakteristik vorzustellen. Die älteste von allen ist die Darstellung von Hellas und Salamis, welche Panaenos auf den Schranken des Thrones des Zeus in Olympia angebracht hatte [3]); nur wenig jünger ist Libya auf dem Wagen des Battos in der Gruppe des Amphion in Delphi [4]), während die Colossalgruppe Hellas und Arete von Euphranor schon an die Zeit Alexanders heranreichen mag [5]) und die der Hellas und Elis in Olympia [6]) der Diadochenzeit angehört.

Dagegen tritt das Streben nach einer Charakteristik des darzustellenden Landes in der äusseren Erscheinung seines

---

[1]) Monum. dell' Inst. IX, tav. L—LI.

[2]) Millin, Gal. mythol., pl. XC, No. 364. Corp. inscr. Graec. III, No. 6020, wo die ältere Literatur verzeichnet ist.

[3]) Paus. V. 11, 5. Brunn, Gesch. der griech. Künstler I, 172.

[4]) Paus. X. 15, 6.

[5]) Plin. XXXIV. 77. Brunn a. a. O. I, 315.

[6]) Paus. VI. 16, 3.

Repräsentanten in einer anderen Reihe derartiger Wesen deutlich hervor, welche sich ebenfalls bis in die Blüthezeit der griechischen Kunst hinauf verfolgen lässt, wenn wir in den Seitenfiguren des westlichen Parthenongiebels — nach Brunns Ansicht [1]), die bis jetzt allein eine einheitliche und poetische Auffassung des Gesammtinhalts dieser Composition ermöglicht — die Darstellung des attischen Landes in seinen verschiedenen Erscheinungsformen zu erkennen haben. Ein Beispiel feiner Charakteristik eines Wesens dieser Art noch aus guter Zeit ist auf einem Korinthischen Spiegel erhalten, welcher Korinthos von Leukas bekränzt darstellt [2]). Hier ist der Charakter des meerbeherrschenden Korinth in der Erscheinung des vollen, würdigen Mannes ausgedrückt, indem seine Gestalt und der Ausdruck des Kopfes dem Typus des Poseidon und anderer Meergötter genähert und durch Scepter und Thron seine herrschende Stellung angedeutet wurde, während die Personification von Leukas neben ihm einfach als ideale, jugendliche Frauengestalt erscheint.

Ebenso ist in der Tyche von Antiocheia die Absicht des Künstlers darauf gerichtet, den landschaftlichen Charakter der über das Ufer des Orontes sich erhebenden Stadt in der Composition seiner Gruppe wiederzugeben. Zur weiteren Bezeichnung dient hier noch ein Aehrenbüschel, den sie als symbolische Andeutung der Fruchtbarkeit in der Hand hält [3]).

Diese letztere Art der Charakteristik: durch Attribute findet sich auch sonst bei griechischen Landes- und Local-

---

[1]) Die Bildwerke des Parthenon und Theseion. Sitzungsberichte der philosoph.-philolog. Cl. der bayer. Akademie der Wissenschaften 1874. II, S. 27 ff.

[2]) Publicirt von Dumont in den Monuments Grecs publiés par l'assoc. pour l'encourag. des études Gr. en Fr., No. II, 1873, pl. 3.

[3]) Müller-Wieseler, Denkmäler der alt. Kunst I, Tf. XLIX; auf einigen der hierbei abgebildeten Münzen hält sie statt der Aehren eine Palme.

personificationen. So ist auf einem Herculaner Gemälde [1]), mit
dem von der Hindin gesäugten Telephosknaben und Herakles,
der ihm zuschaut, fast als Hauptperson Arcadia dargestellt, einen
Rosenkranz ums Haupt, den linken Arm auf einen Baumstamm
gestützt, während neben ihr ein Korb mit Früchten steht: die
Personification des wald- und blumenreichen Landes, hinter
welcher überdies noch Pan mit Syrinx und Pedum erscheint.
Zuerst hat O. Jahn [2]) diese Composition auf ein Original der
Pergamenischen Kunst zurückgeführt; Helbig [3]) versucht sein
Vorbild in einem Gemälde dieser Schule nachzuweisen, und
so wäre von dieser Seite die Möglichkeit gegeben, auch in
der Darstellung der Arcadia die Reproduction eines hellenistischen Typus anzunehmen.

Hiermit stimmen in der Art ihrer Charakterisirung die
Localpersonificationen überein, welche die Philostrate beschreiben; so erscheint bei ihnen Thessalia [4]) mit Oelzweig
und Aehren im Haar und hat als besonderes Attribut ein
Füllen bei sich. Die Localgöttin des waldigen Kalydon [5]), die
dem Kampfe des Herakles gegen Acheloos beiwohnt, ist durch
Bekränzung mit Eichenlaub bezeichnet.

Immer haben wir hier die Gottheit des Landes, äusserlich gekennzeichnet durch das hauptsächlichste oder besonders
charakteristische Erzeugniss desselben; und in dieser Weise
sind auch die meisten römischen Darstellungen solcher Wesen
aufgefasst.

Aehnlich beschreibt Claudian [6]) noch die Hispania: einen
Kranz von Olivenblättern im Haar, das Gewand mit Gold aus

---

[1]) Helbig, Wandgem. der camp. Städte, Nr. 1143. Millin, Gal.
myth., pl. CXVI, No. 461.

[2]) Archäol. Aufs., S. 161 ff.

[3]) Untersuchungen über die camp. Wandmal., S. 152 ff.

[4]) Imag. II, 14.

[5]) Jun. 4. Weitere Beispiele zusammengestellt von Brunn, Erste
Vertheidigung der Philostr. Gem., S. 196 u. 283 ff.; Sitzungsber. d. Münch.
Akad. 1874 II, 35. Zu dem ganzen Abschnitt vergleiche Müller,
Handb. der Arch., § 405. Anm. 1.

[6]) Carm. XXII. De laud. Stilich. 228 sqq.

dem Tagus durchwebt. Mit dem ersteren Attribut kommt Hispania auch häufig auf Münzen vor [1]), wo sie ausserdem gewöhnlich noch ein Kaninchen bei sich hat [2]). Der Goldreichthum des spanischen Flusses, der auch sonst die Phantasie Claudians angeregt hat [3]), kann sehr wohl in malerischen Darstellungen zur Charakteristik der Hispania verwendet worden sein, wenn wir nicht ein blos poetisches Motiv darin zu erblicken haben [4]).

Eine andere, wie es scheint, specifisch römische Art der Auffassung solcher Personificationen von Ländern und Völkern nimmt nicht göttliche Wesen zu Repräsentanten derselben und charakterisirt sie durch bezeichnende Attribute, sondern geht von dem Einzelindividuum des darzustellenden Volkes aus, dessen Erscheinung in ihren einzelnen Zügen verallge-

---

[1]) Auf Hadrians Münzen Cohen, Adr. 270ff. 453ff. 599ff. 925ff. 1069ff. und unter Antonius Pius Cohen, Ant. 612.

[2]) Dies hat Veranlassung gegeben, einen merkwürdigen Kopf des Louvre (Clarac, pl. 255, No. 311bis; auch bei Müller-Wieseler, Denkm. II, Taf. LXXV, No. 970) auf Hispania zu beziehen, da man in dem Thier, welches an seinem Halse angebracht ist, ein Kaninchen zu erkennen glaubte. Dies Thier ist aber nach Cuviers Bestimmung vielmehr „un loir: une espèce de rats" und damit fällt jeder Grund für diese Benennung fort, welche ausserdem durch den Charakter des Kopfes in nichts gerechtfertigt wird. Braun hat ihn auf Helios, Wieseler (Denkm. II, S. 73) auf „Dionysos und zwar als Sonnengott" bezogen; eine befriedigendere Deutung würde wohl zunächst von einer genaueren Untersuchung der Ergänzungen des Originals auszugehen haben. Am besten ist dieser Kopf abgebildet in „Le musée Français publié par Robillard, Peronville et Laurent", wo auch jene zoologische Notiz sich findet.

[3]) Carm. VIII, 128: Hispania auriferis aquis, u. 587: fulgor Iberus; cf. Carm. XII. 32 u. XVII. 287.

[4]) Dieselbe Art der Charakteristik eines goldreichen Landes findet sich in der Philostratischen Beschreibung der Lydia (Imag. II, 9 am Schluss), welche das Blut der Panthia auffängt, und zwar χρυσῷ γε, ὡς ὁρᾷς, τῷ κόλπῳ — nach der bisherigen Lesart, für welche aber Hercher (Praef. ed. Kayser, p. XLVIII) χρυσῇ γε — τῇ κάλπει vorschlägt, eine Conjectur, für welche die Wiederholung dieses Ausdrucks in demselben Sinne (Phil. Imag. I. 4) zu sprechen scheint.

meinert und zum Repräsentanten der Gesammtheit erhoben
wird. Als ein Beispiel dieser Art ist die berühmte Statue
der Loggia dei Lanzi in Florenz zu betrachten, welche jetzt
allgemein als „Germania devicta" erklärt wird [1]. Hier haben
wir die äussere Erscheinung einer Germanin, allerdings in
idealisirter Darstellung, die von allem Zufälligen des einzelnen
Individuums abstrahirt, aber doch in einer Charakteristik,
welche den nationalen Typus des Barbarenvolkes nicht nur in
der Bekleidung, den Schuhen und anderem Beiwerk, sondern
in den Formen des Körpers, der Gesichtsbildung, der Tracht
der Haare etc. deutlich zum Ausdruck kommen lässt.

Dasselbe ist der Fall bei der Darstellung der Africa auf
einem pompejanischen Gemälde [2], das die drei Erdtheile in
drei Frauengestalten personificirt darstellt: Europa thronend
in der Mitte, zu ihrer Linken Asia mit Elephantenhelm, zur
Rechten Africa mit brauner Hautfarbe und dunklem, krausem
Haar, einen Elephantenzahn in den Händen.

Wenn diese Darstellung wirklich, wie Helbig [3] wahrscheinlich zu machen sucht, auf ein hellenistisches Vorbild
zurückzuführen ist, so wird dennoch, allen bisherigen Analogien zufolge, diese Charakteristik der Africa in einem an
die Schilderungen der römischen Dichter erinnernden Typus
weniger jenem griechischen Vorbild, als dem ausführenden
campanischen Künstler zuzuschreiben sein, der dasselbe in
einer seiner Zeit entsprechenden Weise wiedergab. Diese Ansicht scheint mir noch besonders dadurch gerechtfertigt, dass
auf zwei anderen pompejanischen Wandbildern [4] Africa ohne
eine solche, an den nationalen Typus seiner Bewohner er-

---

[1] Vgl. Brunn, Gesch. d. gr. Künstl. I, 453 u. 602; Overbeck,
Plastik II, 201 u. 363 und zuletzt Helbig, Untersuchungen, S. 27,
mit dessen Deduction ich — wie ich nachträglich sehe — hier überein-
getroffen bin.

[2] Helbig, Wandgem., Nr. 1113. Raoul Rochette, Choix de
peint. de Pomp., pl. 28.

[3] Untersuchungen, S. 219 f.

[4] Helbig, Wandgem., Nr. 1115 u. 1116.

innernde Charakteristik erscheint. Denn der blosse Mangel derselben wird uns nicht hindern dürfen, in den Gestalten dieser Bilder Africa zu erkennen, von denen — ausser den beiden gemeinsamen Elephantenabzeichen — die eine durch einen Aehrenkranz, die andere durch den dabei sitzenden Löwen ganz in der Weise bezeichnet ist, welche für Africa auf den Münzen durchaus typische Geltung hat. Für eine Personification Aegyptens, wie Helbig vorschlägt, würden wir das Sistrum oder ein anderes, für dieses Land speciell charakteristisches Abzeichen erwarten müssen. Dagegen erscheint für eine Gestalt [1]), welche ausser dem Elephantenhelm noch Elfenbein, Perlen und verbenae trägt, die Benennung Arabia sehr annehmbar.

An jene realistische Auffassung solcher Wesen, wie wir sie schon in der Africa des Sidonius in höherem Grade als in der Claudians fanden, streifen auch bei diesem in manchen einzelnen Zügen einige andere Schilderungen dieser Art an, welche er in demselben Gedicht giebt: die der Gallia und der Britannia [2]).

Gallia trägt blondes, zurückgekämmtes Haar, sie erscheint wild oder unbändig (ferox); um den Hals trägt sie einen torques und zwei Gallische Speere (gaesa) in der Hand. Hier haben wir in allgemeinen Zügen das Bild eines Galliers, deren Volk Claudian an einer anderen Stelle [3]) mit den Worten „truces flavo vertice Galli" charakterisirt, nur, um „Gallia" zu repräsentiren, in weiblicher Gestalt. Sie trägt das lange, blonde Haar, wegen dessen die Gallier berühmt waren und das ihrem Lande den Namen Gallia comata verschafft hat [4]), das Halsband, wie wir es, als charakteristisch für den Gallier am sterbenden Krieger des Capitol sehen und auch wiederholt in der literarischen Ueberlieferung erwähnt finden [5]), und

---

1) Helbig, Wandgem., Nr. 1114.
2) Carm. XXII, 240 u. 247 sqq.
3) Carm. V in Rufin. II, 110.
4) Plin. Hist. nat. XI, 47. Sil. Italic. V, 134 u. XV, 671.
5) Cf. Annali dell' Inst. 1831, p. 307.

endlich als Waffe die speciell in Gallien gebräuchliche Art
des Wurfspiesses. Aehnlich erscheint auch die Gestalt der
Gallia auf dem Panzer des Augustus von Prima Porta [1]),
ausser durch barbarische Kleidung und Feldzeichen, durch
das lange Lockenhaar - charakterisirt.

Auffallender, aber eine blosse Consequenz dieser Art der
Auffassung ist es, wenn Britannia erscheint „ferro picta
genas"; es geht dies auf eine auch sonst von Dichtern und
Historikern [2]) erwähnte Sitte der Britanner zurück, sich die
Wangen mit dem Schwert zu ritzen und die so vorgezeich-
neten Figuren mit blauer Farbe auszufüllen. Hier folgt also
die Göttin der barbarischen Sitte des Volkes, das sie repräsentirt. Als Insel ist Britannia charakterisirt durch das Gewand:

caerulus, Oceanique aestum mentitur amictus,

ebenso wie bei Philostrat [3]) die Insel Skyros als eine
Heroine beschrieben ist: „κομῶσα τῇ σχοίνῳ — καὶ ἐσταλ-
μένη κυανῷ". Ausserdem wird sie auch noch bezeichnet
als „Caledonio velata monstro"; dies Caledonische Ungeheuer
wird verschieden erklärt, indem man es entweder nach
Martial [4]) auf einen Bären, oder nach Juvenal [5]) auf den Wall-

---

[1]) Monumenti dell' Inst. VI u. VII, tav. 84.
[2]) Caes. De bello Gall. V, 14: omnes vero se Britanni vitro inficiunt,
quod caeruleum efficit colorem. Solinus 22, 12 rec. Mommsen, p. 113,
12 ff.; vgl. 22, 3 Mommsen, p. 112, 19. Claudian leitet davon an
einer anderen Stelle den Namen der Picten ab: „nec falso nomine
Pictos" (VII de III cons. Honor. 54).
[3]) Jun. Imag. 1. Diese Stelle kann zu den anderen hinzugefügt
werden, welche Berührungspunkte zwischen Claudian und Philostrat
aufweisen, wie Cl. Carm, XXXI, 15 die Aepfellesenden Eroten mit Imag.
6 und in demselben Gedicht 110 f. die Eroten, welche Schwäne zügeln,
mit Imag. 9, p. 386; weitere Stellen im Index auct. des Philostr. v.
Kayser.
[4]) De spect. 7, 3.
[5]) X, 14.

2 *

fisch bezieht, dessen Exuvien Britannia, wie Africa die des
Elephanten auf dem Kopfe trägt.

Die bedeutendste und für uns interessanteste unter allen
Beschreibungen dieser Art aber ist diejenige, welche Claudian
und nach ihm Sidonius von der Göttin Roma geben. Hier
haben wir es mit einem Wesen zu thun, das wirklich einige
mythologische Substanz in sich enthält und von der Kunst
zu bestimmten typischen Darstellungsformen durchgebildet
worden ist, an denen wir abmessen können, in wie weit diese
Schilderungen auf concreten Vorstellungen beruhen.

Die Erscheinung der Roma wird von Sidonius wiederholt
ausführlich beschrieben; wir betrachten zunächst die Schilderung im Panegyricus des Majorian [1]):

> sederat exerto bellatrix pectore Roma
> cristatum turrita caput, cui pone capaci
> casside prolapsus perfundit terga capillus.
> laetitiam censura manet, terrorque pudore
> crescit, et invita superat virtute venustas.
> ostricolor pepli textus, quem fibula torto
> mordax dente vorat, tum quidquid mamma refundit
> tegminis, hoc patulo concludit gemma recussu.
> hinc fulcit rutilus spatioso circite laevum
> umbo latus.

Nun werden die Darstellungen dieses Schildes beschrieben,
von denen später die Rede sein soll; nachher wird ihre Lanze
auf elfenbeinernem Schaft erwähnt und ihr Thron geschildert,
neben welchem Bellona ein tropaeum errichtet.

Mit dieser Beschreibung stimmt die spätere im Panegyricus des Anthemius [2]) in allem Wesentlichen überein, nur

---

[1]) Carm. V, 13 sqq.
[2]) Carm. II, 389 sqq.

dass der Dichter hier, um die vorige Darstellung noch zu
überbieten, die Attribute noch mehr häuft, und verschiedenes
Detail ausmalt. Hier rüstet sich die Göttin, die er grimmig
(torva) nennt, zu einem weiten Weg, indem sie die gelösten
Haare sammelt und die Thürme auf dem Kopf, der überdies
noch mit Lorbeer bekränzt ist, mit dem Helm bedeckt. Zur
Linken hängt das Schwert, die Hand hält den Schild, dessen
Darstellungen wieder beschrieben werden, ebenso die Spange,
die das Gewand festhält. Die eine Brust ist wieder entblösst.
Zudem hält sie noch die Lanze und trägt einen Eichenstamm
mit Trophäen, deren willkommene Last sie ermüdet; endlich
werden noch die Sandalen, deren Bänder um die Beine gewickelt
sind, ausführlich beschrieben [1]), und so ausgerüstet fliegt die
Göttin durch die Lüfte.

Diese beiden Schilderungen bei Sidonius sind wiederum
in allen ihren einzelnen Bestandtheilen aus Claudian genommen. Bei diesem finden wir schon [2]) als charakteristisches
Kennzeichen der Roma das Gewand, das an der einen Seite
durch eine Gemme zusammengehalten wird und die andere
frei lässt; die halb entblösste Brust, von dem purpurnen
Wehrgehenk überschnitten, den Helm mit gewaltigem Busch
und den Schild, den Mulciber mit künstlichen Darstellungen
verziert hat. Das Wesen der Göttin wird durch einen Vergleich mit der jungfräulichen Minerva veranschaulicht; sie
verschmäht, wie diese, weiblichen Schmuck zur Erhöhung der
Schönheit und verbindet würdevollen Anstand mit männlicher
Tüchtigkeit [3]):

pulcherque severo armatur terrore pudor.

Hier erscheint Roma zu Wagen, den Impetus und Metus,
ihre steten Begleiter, bedienen; ganz ähnlich wie Claudian

---

[1]) Ein Gegenstand, den Sidonius noch einmal in einem Gedicht, das
einem seiner Briefe eingefügt ist, fast mit denselben Worten und in derselben Breite behandelt. Epist. VIII, 2.
[2]) I in Prob. et Olybr. coss. 83 sqq.
[3]) Vers 91 u. 92, die Sidonius fast wörtlich nachschreibt.

an einer anderen Stelle [1]) den Aufzug des Mars beschreibt, der siegreich als Triumphator in die Stadt einzieht: Quirinus lenkt die weissen Rosse, Metus und Pavor begleiten ihn, mit Lorbeer bekränzt, als Lictoren und schlagen gefangene Barbaren in Fesseln, Formido schwingt ein mächtiges Beil und voran schreitet Bellona, ein tropaeum auf einem Eichenstamm tragend.

Aus dieser Schilderung hat Sidonius das tropaeum entnommen, das an der ersten Stelle bei ihm Bellona vor dem Thron der Roma errichtet, während er es an der anderen recht ungeschickt der Roma selbst in die Hand giebt, die ohnehin schon Lanze und Schild zu tragen hat, und mit alledem noch durch die Lüfte schweben soll.

Dies letztere Motiv stammt aus einer anderen Schilderung der Roma bei Claudian, wo die Göttin

ocior excusso per nubila sidere tendit. [2])

Ihre Erscheinung wird hier nur durch einen Vergleich geschildert: an ernster Schönheit ist sie der Pallas und an Grösse dem Mars ebenbürtig; das Haus des Stilicho, das sie betritt, erzittert unter ihrer Wucht und ihr Helm berührt die Decke des irdischen Gemaches.

In dem Gesammtbilde, das wir aus allen diesen Schilderungen von dem Aussehen der Göttin Roma zusammenfassen können, ist nur ein Zug, den Sidonius nicht aus Claudian entlehnt hat, sondern selbständig angiebt: die Thürme auf dem Haupte der Göttin, die er an beiden Stellen erwähnt; und gerade dies Abzeichen werden wir, auch ohne erst die Ueberlieferung der Monumente zu Rathe zu ziehen, in dem Zusammenhang dieser Schilderungen verwerfen müssen: Thürme auf dem Haupt und Helm sind zu gleicher Zeit durchaus unverträglich; „inclusae latuerunt casside turres" [3]) ist eine plastisch unmögliche Vorstellung.

---

[1]) XXII. De laud. Stilich. II, 370 sqq.

[2]) XXII, 272.

[3]) Carm. II, 392.

Diese Angabe beruht bei Sidonius entweder auf der allgemeinen Vorstellung, dass Städtegottheiten gewöhnlich durch eine Mauerkrone bezeichnet werden, oder er hat sie vielleicht auch direct einer Schilderung der Roma von einem früheren Dichter entnommen, in welcher sie nur mit den allgemeinen Zügen von Wesen dieser Gattung und noch nicht in der später typischen Form der kriegerischen Pallas charakterisirt war. So lässt sie z. B. Vergil [1]) von dem prophetisch blickenden Anchises durch einen Vergleich mit Cybele schildern, die mit bethürmtem Haupt durch die phrygischen Städte dahinfährt. Eine andere Schilderung derselben Art ist uns bei Lucan im Eingang seines Epos [2]), also aus Neronischer Zeit, erhalten. Hier erscheint die Göttin dem am Rubico stehenden Cäsar

ingens visa duci patriae trepidantis imago
clara per obscuram voltu moestissima noctem,
turrigero canos effundens vertice crines,
caesarie lacera nudisque adstare lacertis.

Dasselbe findet sich aber auch noch in einer anderen Schilderung, die nur etwa ein Menschenalter älter ist, als die des Sidonius, in der begeisterten Anrufung der Roma bei Rutilius [3]):

aurea turrigero radient diademata cono.

Jedenfalls haben wir hier wieder einen Beleg dafür, dass Sidonius in diesen Beschreibungen nicht einer lebendigen, plastischen Anschauung folgt, sondern seine Motive aus anderen Dichtern entlehnt und in einer Weise verbindet und

---

[1]) Aen. VI, 784.
[2]) Pharsal. I, 185 sqq.; es scheint nicht, als ob Sidonius gerade eine von diesen Stellen direct benutzt hat; eher könnte diese letztere dem Claudian bei seiner Schilderung der trauernden Roma vorgeschwebt haben. Wie hier erscheint Roma dem Kaiser unmittelbar nach Uebersteigung der Alpen auch bei Claudian I, 73.
[3]) De redit. suo I, 117 sqq.

häuft, die einer künstlerischen Auffassung oft gradezu widerspricht. Wir haben uns also in allen Zügen, die für die
äussere Erscheinung der Roma wesentlich sind, an Claudian
zu halten, und hier stellt sie sich uns unter dem Bilde einer
kriegerischen Göttin dar, mit Helm, Schild und Lanze ge-
rüstet, die halbe Brust, wie bei Amazonen und Jägerinnen,
entblösst; im Uebrigen werden wir sie uns aber mit langem
Gewande bekleidet zu denken haben. Es wird das allerdings
nicht ausdrücklich gesagt, geht aber aus dem wiederholten
Vergleich mit Minerva: „innuptae ritus imitata Minervae",
und der Hervorhebung ihrer ernsten Würde und strengen
Züchtigkeit, wie mir scheint, nothwendig hervor.

Dies Bild der Roma ist nun ganz dasjenige, welches uns
auf zahlreichen Münztypen, besonders der Kaiserzeit, entgegentritt. Von plastischen Werken entspricht ihm vielleicht am
genauesten die unzweifelhafte Darstellung der Roma auf dem
Relief vom Fusse der Säule des Antoninus Pius [1]), das die Ver-
götterung dieses Kaisers und seiner Gattin Faustina darstellt.
Hier sehen wir in der Mitte das Kaiserpaar von dem ge-
flügelten Genius der Unsterblichkeit zum Himmel getragen,
links liegt ein nackter Jüngling, einen Obelisk haltend, in
dem man eine Verkörperung des campus Martius erkannt hat.
Rechts sitzt Roma: eine lang und würdevoll bekleidete Gestalt, die rechte Brust entblösst und vom Wehrgehenk überschnitten; sie trägt einen Helm mit hohem Busch, der auf
einer Sphinx ruht, an den Füssen Sandalen mit reicher Ver-
zierung. Die Linke liegt auf dem Schild, der, an ihren
Sessel gelehnt, am Boden steht; er ist ringsum mit einem
Lorbeerkranz, in der Mitte mit der Darstellung der Wölfin,
welche die beiden Kinder säugt, verziert; ihre Rechte ist mit
einer Geberde des Staunens oder freudiger Theilnahme nach

---

[1]) Originalpublication von Vignoli, De columna Antonini Pii, dissert.
Romae 1705. Mit den Ergänzungen bei Visconti, Pio Clem. V, 29.
An der Figur der Roma ist nur der rechte Arm und Hand, aber un-
zweifelhaft richtig ergänzt, da noch einige Finger erkennbar waren.

der Scene der Apotheose hin erhoben. Diese Gestalt ent-
spricht nicht nur in ihrer äusseren Erscheinung genau dem
Bilde der Roma, wie wir es aus den Schilderungen der Dich-
ter entnommen haben, sondern auch in der Würde ihrer
Haltung und der gemessenen Theilnahme an dem dargestellten
Vorgang, wie sie der Göttin ziemt.

Die Mehrzahl der übrigen Darstellungen, die man all-
gemein auf Roma bezogen hat, folgt dagegen einem anderen
Typus, welchen man gewöhnlich als den „Amazonentypus"
bezeichnet. Dieser ist der frühere, er erscheint schon auf
Münzen aus republicanischer Zeit und bleibt bis in die frühere
Kaiserzeit hinein der vorherrschende [1]). Von den Darstellungen
der Münzbilder ausgehend, hat man eine ganze Anzahl von
Figuren dieses Amazonentypus als Roma gedeutet, welche in
plastischen Werken, besonders auf den Reliefs römischer
Triumphbögen vorkommen. Es ist unzweifelhaft richtig, dass
eine Untersuchung der Entwickelung der Romatypen die
Münzdarstellungen in besonderem Masse berücksichtigen muss,
wie dies auch in den speciellen Behandlungen dieses Gegenstandes von Senckler [2]) und Kenner [3]) geschehen ist, von
denen besonders der Letztere eingehend darlegt, wie der ganze
Verlauf der Entwickelung der römischen Staatsidee in der
verschiedenen Auffassung der Gestalt der Roma in den Münztypen sich ausspricht. Aber es scheint zu falschen Ergeb-
nissen zu führen, wenn man auch der Erklärung der eigent-

---

[1]) Eine Behandlung der Münztypen ist durch den Plan dieser Arbeit
ausgeschlossen, und es muss hier ein Hinweis auf die gleich zu er-
wähnenden numismatischen Abhandlungen und die Zoega genügen. Doch
scheint mir der von Letzterem aufgestellte Kanon, wonach der langbekleidete, Pallasartige Typus erst mit Hadrian beginnt und den anderen
allmählig verdrängt, bis er zu Commodus Zeit verschwindet, auch innerhalb der Münzen nicht stichhaltig.

[2]) Jahrb. d. Vereins von Alterthumsfreunden im Rheinlande 1849,
Bd. XIV, S. 74 ff.

[3]) Sitzungsber. d. philos.-hist. Classe der k. Akad. d. Wissensch. in
Wien 1857, Bd. XXIV, S. 253 ff.

lichen Kunstdarstellungen das aus der Betrachtung der Münztypen gewonnene Resultat zu Grunde legt, wie es Zoega thut, der diese Darstellungen am gründlichsten und zuerst mit archäologischer Kritik behandelt hat [1]). Die Münzen als Werthzeichen oder Verkehrsmittel unterliegen besonderen Bedingungen und Einflüssen, und so scheint die Darstellung der Roma als Amazone, wo sie auf den Münzen hervortritt, nicht ohne Zusammenhang mit griechischen Münztypen, besonders mit solchen Kleinasiens, wo Städtegottheiten vielfach in Gestalt von Amazonen erscheinen, entstanden zu sein [2]).

Auf den übrigen Monumenten dagegen tritt die Gestalt, die man nach dieser Analogie als Roma bezeichnet hat, in anderen Zusammenhang und ist nicht allein nach der Aehnlichkeit ihrer äusseren Erscheinung mit jenen Münzdarstellungen zu beurtheilen, sondern in erster Linie nach ihrer Stellung innerhalb der Compositionen, in denen sie auftritt, und nach der Bedeutung, welche derselben Gestalt in anderen, gleichartigen Monumenten zukommt. Von den letzteren ausgehend, glaube ich, dass bei der ganzen Masse der römischen Triumphalreliefs in dieser Amazonengestalt nicht Roma, sondern Virtus zu erkennen ist. Die Darstellung derselben in ganz übereinstimmender Bildung ist zuerst von Gerhard [3]) auf Sarkophagen bei der Jagd des Hippolytos erkannt worden; ebenso erscheint sie auch auf Meleagersarkophagen [4]) und auf

---

[1]) Bassirilievi I, 141 sqq. Seine Ansicht über die chronologische Entwickelung des Romatypus, wird schon allein durch die Darstellung zweier Wiener Cameen widerlegt (Arneth, Die ant. Cam. des k. k. Münz- und Antikenkabinets, Tf. 1 u. 4), welche aus Augusteischer Zeit stammen und den Kaiser neben Roma thronend zeigen, letztere in würdevoller Weise langbekleidet und gewaffnet, wie Pallas: also in dem Typus, welchen Zoega erst von Hadrian an aufkommen lässt.

[2]) Vgl. Kenner, S. 271 f.

[3]) Prodromos, S. 272; vgl. Jahn, Archäologische Beiträge, S. 313.

[4]) Hier zuerst nachgewiesen von Helbig, Annali d. Inst. 1863, p. 90 sqq.

den Reliefs von Sarkophagen, welche ohne eine solche mythologische Beziehung eine Jagd [1]), gewöhnlich eine Löwenjagd,
darstellen.

Hieran scheinen sich die Reliefs römischer Triumphalmonumente unmittelbar anzuschliessen, welche dieselbe Gestalt in der Begleitung des Kaisers zeigen, entweder im
Kampf ihm zur Seite stehend [2]) oder beim feierlichen Einzug
ihn geleitend [3]).

Ein specielleres Eingehen auf die einzelnen Monumente
und die übrigen Darstellungen dieses Typus [4]), die man auf
Roma bezogen hat, würde zu weit von der Aufgabe der gegenwärtigen Arbeit abführen und muss einer besonderen Behandlung dieses Gegenstandes vorbehalten bleiben, die bei der Be-
schaffenheit des Materials nicht wohl anders, als angesichts
der Monumente selbst, zu einigermassen sicheren Resultaten
geführt werden kann. Es kann daher hier nur als proble-
matisch hingestellt werden, ob die bisher allgemein geltende

---

[1]) Vgl. Müller, Handbuch der Arch. d. K., § 427. 1, wo diese
Gestalt noch Roma benannt ist, in richtiger Consequenz ihrer Deutung
auf den Triumphalreliefs. Zusammengestellt und richtig erklärt von
Helbig l. l., p. 93, n. 1.

[2]) Bellori, Vet. arcus triumph., tab. 42; neben Trajan bei den
Daciern! Ibid. tab. 46 auf einem der niedrigen Friesreliefs am Constantinsbogen, welche im Gegensatz zu dem übrigen plastischen Schmuck
desselben ursprünglich für ihn gearbeitet sind. Hier ist bei dem Kampf
an der Mulvischen Brücke dieselbe Gestalt dargestellt und Victoria,
zwischen denen nach Analogie der anderen Reliefs in der jetzt zerstörten
Figur der Kaiser zu ergänzen ist.

[3]) Auf dem Relief vom Titusbogen bei Philippi, Die röm. Triumphalrel. (Abhandl. d. sächs. Ges. d. W., phil.-hist. Cl., vol. VI, tf. 2)
und auf dem Trajansrelief am Constantinsbogen Bellori l. l. tab. 28.
Ebenso Bellori, Admiranda, tab. 6. Auf dem Relief Mon. dell' Inst.
IV, 4 ist dieselbe Gestalt, obwohl ohne Helm und Lanze, nur durch
das Schwert charakterisirt, mit „Felicitas" neben dem Kaiser Antoninus
Pius dargestellt; cf. Blessig, Annali dell' Inst. 1844, p. 155 sqq.

[4]) Besonders das von Zoega, Bassir. I, tav. XXXI publicirte
Relief, das sehr stark geflickt ist; von Statuen besonders, die bei Clarac,
Mus. de sculpt., tab. 767, fig. 1905 (Visconti, Pio Clem. II, 15).

Bezeichnung dieser Gestalt, die in einer ganzen Klasse von
Monumenten gleichartig dargestellt erscheint, wirklich begründet ist, und ob Roma überhaupt noch auf anderen Monumenten als den Münzen in der für sie angenommenen Amazonengestalt gebildet worden ist.

Jedenfalls muss es auffallend erscheinen, dass in den
oben betrachteten Schilderungen, welche die römischen Dichter
von ihr entwerfen, eine solche Darstellung der Roma nirgends
sich angedeutet findet, dass sie vielmehr der Auffassung von
dem Wesen der Göttin, wie sie bei den Dichtern hervortritt,
gradezu widerspricht. Bei diesen wird überall ihr strenger
Ernst und die Würde ihrer Erscheinung besonders hervorgehoben; Vergil vergleicht sie mit Cybele, Claudian wiederholt
mit Minerva; dem entsprechend finden wir sie von den Dichtern auch immer als ein Wesen von hohem göttlichen Rang
eingeführt: bei Lucan erscheint sie dem Cäsar in erhabener
Gestalt, ebenso tritt sie bei Claudian dem Kaiser gegenüber;
die anderen Länder versammeln sich in ihrem Tempel; bei
Sidonius nähern sie sich ihrem prächtigen Thron, Tiberis neigt
sich verehrend vor ihr [1]); Wesen wie Impetus und Metus
geleiten als Dienerinnen ihren Wagen, wie den des Mars;
selbst wo sie leidend und klagend vor Jupiters Thron erscheint, wird das Besondere dieser Situation durch den
Contrast mit ihrer sonstigen ehrfurchtgebietenden Haltung
hervorgehoben.

Ganz anders dagegen wird in jenen römischen Triumphalreliefs die Gestalt, die man allgemein als Roma bezeichnet
hat, eingeführt: auf dem Titusbogen führt sie die Pferde des
triumphirend einziehenden Kaisers, auf anderen Reliefs ist
sie mit Wesen wie Annona und Pietas oder Felicitas [2])
zusammen oder neben Victoria als gleichwerthig dargestellt,
wie es für Roma nach jener übereinstimmenden Auffassung

---

[1]) Sid. Carm. II, 388: submissus adorat, entlehnt aus Claud. VII de
III cons. Honor. 122 (cf. XXII, 72).
[2]) Bellori, Vet. arc., tab. 28. Mon. dell' Inst. IV, 4.

in der Poesie, als Göttin von höherem Rang, nicht recht passend erscheinen muss. Und doch dürfen wir grade in diesem Punkt eine gleichartige Auffassung in den Schilderungen der römischen Dichter und den Darstellungen jener historischen Reliefs um so mehr erwarten, als sich ausserdem, wie wir später sehen werden, in diesen Producten der römischen Poesie und bildenden Kunst eine gewisse Uebereinstimmung nicht nur in äusseren Einzelnheiten, sondern grade auch in der Grundanschauung, aus welcher diese Compositionen hervorgegangen sind, beobachten lässt.

Eine Stelle Claudians scheint sich jedoch zu Gunsten jener Erklärung anführen zu lassen, die deshalb einer besonderen Besprechung bedarf, zumal sie sich unmittelbar auf die Herrichtung eines Triumphzuges bezieht und mit den Darstellungen dieses Inhalts Berührungspunkte darbietet. In dem Gedichte, welches das sechste Consulat des Honorius verherrlichen soll, erscheint diesem Roma, um ihn zu bewegen, endlich den Bitten des Volkes nachzugeben und in der Stadt einzuziehen [1]). Sie stellt ihm vor, wie sie schon nach der Unterwerfung Africas den Kaiser erwartet und seinen Triumph vorbereitet habe; sie hatte ihm Bogen errichtet und mit seinem Namen geschmückt (Vers 374 ff.):

> jamque parabantur pompae simulacra futurae
> Tarpejo spectanda Jovi, caelata metallo
> classis ut aurato sulcaret remige fluctus,
> ut Massyla tuos anteirent oppida currus,
> Palladiaque comas innexus arundine Triton
> edomitis veheretur equis; et in aere trementem
> succinctae famulum ferrent Atlanta cohortes.

Diese Schilderung entspricht ganz der wirklichen Ausstattung eines Triumphzuges, wie sie Claudian an einer anderen Stelle, zu Ehren des Stilicho, welcher diesen Prunk verschmäht, beschreibt [2]): die überwundenen Völker zur Seite

---

[1]) Carm. XXVIII, 356 sqq.
[2]) Carm. XXIV de cons. Stil. III, 14 sqq.

des Triumphgespannes, hinter dem eherne Gestalten eroberter
Städte, Berge und Flüsse als Gefangene aufgeführt werden,
ebenso wie wir auf dem Friesrelief vom Titusbogen, in der
Darstellung des Triumphzuges des Kaisers die „succinctae
cohortes" in der That den Flussgott des überwundenen Landes
einhergetragen sehen.

Enthält nun jene erste Stelle Claudians Elemente, die
sich wirklich in römischen Triumphdarstellungen wiederfinden,
so könnte man versucht sein, auch die Worte, mit welchen
Roma dort ihre Schilderung beginnt, zur Erklärung derselben
anzuwenden (Vers 369):

> ast ego frenabam geminos, quibus altior ires,
> electi candoris equos.

Wir werden uns hier des Reliefs vom Titusbogen [1]) er-
innern, auf welchem die Pferde des Triumphators von jener
Gestalt geführt werden, deren bisher allgemein angenommene
Bezeichnung als Roma in diesen Worten Claudians ihre beste
Bestätigung zu erhalten scheint.

Aber zunächst ist es noch durchaus nicht dasselbe, wenn
ein Dichter Roma sagen lässt, sie sei bereit gewesen, dem
Kaiser zum Einzug die Rosse zu zügeln, und wenn ein Künstler
auf einem officiellen Denkmal die Göttin des Vaterlandes
wirklich in dieser dienenden Haltung ihm zugesellt; sodann
fügt sich hier aber der Inhalt der Darstellung selbst nicht
einer solchen Auffassung.

Für die Erklärung dieses Reliefs ist nämlich bisher
immer ein Umstand übersehen worden, der uns vielleicht zur
richtigen Auffassung jener bisher Roma genannten Gestalt
führen kann. Diese und die Victoria, welche hinter dem
Kaiser erscheint, sind nicht die einzigen Figuren dieses
Reliefs, welche sich durch ihre Gewandung und ganze Erscheinung von den durchaus realistisch dargestellten Personen
aus der Umgebung des Kaisers unterscheiden. Zu ihnen ge-

---

[1]) Philippi, Röm. Triumphalrel., Tf. 2.

hört noch jene ideal gehaltene, fast nackte Jünglingsgestalt,
die ganz im Vordergrund zur Linken des Viergespannes ein-
herschreitet. Diese Figur ist, wie die Originalpublication bei
Philippi zeigt, jetzt sehr zerstört, aber der vorgestreckte rechte
Arm ist zum grössten Theil erhalten; in den ergänzten
Zeichnungen [1]) hat man daraus eine Art Redegestus gemacht,
ein müssiges Motiv, dem zu Liebe auch der Kopf etwas
zurückgewendet worden ist, was sich sonst durch nichts recht-
fertigt. Es scheint vielmehr, dass diese Gestalt die Zügel
zur Linken des Kaisers führte [2]) ebenso wie die Roma ge-
nannte zur Rechten. Damit treten diese beiden in ein Verhältniss gegenseitiger Entsprechung, auf welches die Erklärung
nothwendig Rücksicht nehmen muss. Wer könnte nun diese
Figur sein, unter der Voraussetzung, dass wir in der ihr entsprechenden Roma zu erkennen haben? Es schiene vielleicht
möglich, hier an Quirinus zu denken, der einmal bei Claudian [3]) dem Kriegsgott die Zügel des Triumphgespannes führt,
und zwar an einer Stelle, in welcher der Aufzug des Mars
mit der Erscheinung des Stilicho im consularischen Festge- .
wande verglichen wird. Indessen wird eine solche entlegene
und gesuchte Deutung Keinen befriedigen, der mit Dar-

---

[1]) Müller-Wieseler, Denkm. I, LXV, 345c.; Overbeck, Plastik
II, 377 u. A., welche auf Bartoli u. Bellori, Vet. arc. triumph.,
tab. IV zurückgehen.

[2]) So fasst ihre Haltung auch schon Müller (Denkm., S. 77 der
2. Aufl.) auf, nach welchem hier „ein Quirit in leichter Bekleidung"
zu erkennen ist. Ueber das Original erfahre ich durch Herrn Dr. Kie-
seritzky, dem ich eine Reihe von Nachrichten über den gegenwärtigen
Thatbestand jener römischen Monumente verdanke, dass es wohl möglich ist, dass diese Jünglingsgestalt einen Zügel führte, „denn von
der ganzen Leinenmasse, die in den Wagen des Kaisers führt, ist die
Vorderseite nicht mehr intact". Auf dem Kreuz des Pferdes sind noch
Spuren seiner aufgelegten Hand sichtbar; dass er so weit zurücksteht,
scheint sich mir aus rein künstlerischen Gründen der Composition zu
rechtfertigen, ebenso wie das Hervortreten der entsprechenden Gestalt auf
der anderen Seite.

[3]) Carm. XXII, 370.

stellungen dieser Art näher vertraut ist, und überdies würden
wir den kriegerischen Quirinus in einer dem Mars ähnlichen
Erscheinung oder in dem Typus eines römischen Kriegers erwarten müssen, aber nicht in dieser idealen, fast zarten Jünglingsgestalt.

Stellt dagegen jene erste Figur, wie ich glaube, nicht
Roma, sondern Virtus dar, so ergiebt sich für die ihr entsprechende männliche eine naheliegende und überzeugende
Deutung: es ist Honos, der als ein der Virtus correlates
Wesen neben ihr in einem engverbundenen Tempel [1]) verehrt
wurde und auch auf Münzen [2]) öfters mit ihr vereinigt dargestellt ist. Hier führt er immer — und ebenso auch wo er
allein erscheint [3]) — Scepter oder Lanze und Füllhorn; und
dies letztere werden wir uns auch an der Gestalt unseres
Reliefs in der Linken ergänzt zu denken haben.

Diese beiden Figuren kehren auch auf den Schlusssteinen
desselben Bogens wieder: auf dem einen jene Amazone, auf
dem entgegengesetzten eine Gestalt mit Füllhorn, welche dem
Original nach entschieden als männlich erscheint, in der wir
also nicht, wie bisher, Fortuna, sondern wiederum Honos zu
erkennen haben. Indem hier und auf dem Hauptrelief unsere
Erklärung dieser beiden Figuren so passend zur gegenseitigen
Unterstützung zusammentrifft, erhält dadurch die vorher aus-
gesprochene Ansicht, dass die bisherige Bezeichnung der inner-

---

[1]) Liv. XXVII, 25 und Valer. Maxim. I. 1, 8. Marcellus hatte
ihnen einen gemeinschaftlichen Tempel gelobt, wurde aber durch religiöse
Bedenken der Pontifices gezwungen, ihre Bildsäulen in getrennten Tempeln neben einander aufzustellen.

[2]) Köpfe von Honos und Virtus auf einer Münze der gens Fufia verbunden. Friedl. u. v. Sallet, Das kgl. Münzkab., Berlin 1873, Nr.
713. Cohen, Méd. consul. 71 public. pl. XVIII Fufia. Auf einer Münze
des Galba: Cohen, Galba 131 (Millin, Gal. mythol., pl. LXXIX,
No. 357); des Vitellius: Cohen, Vit. 69 und des Vespasian: Cohen,
Vesp. 297.

[3]) So auf Münzen des Antoninus Pius: Cohen, Ant. 613 und
Millin, Gal. myth., pl. LXXII, No. 356; des Marc. Aurel: Cohen,
Marc. Aur. 86 u. 502—508 u. A.

halb der Triumphalmonumente so häufig wiederkehrenden
Amazonengestalt als Roma aufzugeben sei, eine weitere Bestätigung.

Haben wir dagegen in dieser Gestalt durchweg Virtus
zu erkennen, so gewinnen wir hier eine neue und wie es
scheint grade für den römischen Gedankeninhalt dieser Monumente besonders charakteristische Auffassung. Virtus erscheint
dann als die stete Begleiterin des Kaisers, die ihm sowohl
im Momente des Kampfes zur Seite steht, als auch sodann
beim triumphirenden Einzug geleitet; an seiner anderen Seite
erscheint Victoria, die entweder der Virtus vollständig ebenbürtig oder schwebend, den Kaiser bekränzend, dargestellt ist.
Diese beiden Begriffe scheinen sich zu einander zu verhalten
wie Ursache und Wirkung und sollen in ihrer Vereinigung
den ganz verstandesmässigen Gedanken ausdrücken, dass der
Kaiser durch kriegerische Tüchtigkeit seine siegreichen Er-
folge erreiche.

Ebenso beruht es auf reiner Abstraction, wenn wir auf
den Schlusssteinen des Titusbogens Honos und Virtus dargestellt finden: die Factoren der Thaten des Kaisers, zu deren
Verherrlichung das ganze Denkmal errichtet ist; oder wenn
diese beiden Gestalten den Wagen des Kaisers geleiten,
der triumphirend seinen Einzug hält: ein genau entsprechender künstlerischer Ausdruck des Gedankens, den Horaz [1])
poetisch weiter ausführt:

> iam Fides et Pax et Honos Pudorque
> priscus et neglecta redire Virtus
> audet adparetque beata pleno
> Copia cornu.

---

[1]) Carm. saec. 57 sqq.

II.

An die bisher betrachteten Personificationen schliesst
sich in den Schilderungen unserer Dichter nach ihrer Auffassung und Verwendung die des Flussgottes Tiberis unmittelbar an. Bei Sidonius findet sie sich auch in den panegyrischen
Gedichten und ist hier wiederum in allen einzelnen Zügen
aus Claudian entlehnt; er wiederholt sie zweimal, und wir
haben hier ein Beispiel dafür, wie wenig Unterschied bei
ihm zwischen solchen Schilderungen zu machen ist, die er
als Beschreibung von Kunstdarstellungen ausgiebt, und solchen,
welche unmittelbar die äussere Erscheinung einer auftretenden
Gottheit wiedergeben sollen.

In dem Panegyricus des Anthemius [1]) wird der Tiber, den
Oenotria in seiner Höhle aufsucht, geschildert:

> currebat fluvius residens et arudinis altae
> concolor in viridi fluitabat silva capillo.
> dat sonitum mento unda cadens, licet hispida setis
> suppositis multum sedaret barba fragorem.
> pectore ructabat latices, lapsuque citato
> sulcabat madidam jam torrens alveus alvum.

---

[1]) Carm. II, 333 sqq.

Wie die Göttin ihm naht, erschrickt er und Ruder und
Urne entfallen seiner Hand; im weiteren Verlauf der
Erzählung werden noch seine Hörner erwähnt (389).

Ganz ähnlich ist der Flussgott auf dem Schilde der
Roma dargestellt, den Sidonius im Panegyricus des Majorian [1]
beschreibt; auch hier liegt er in seiner Höhle, schlafend,
mit einem Mantel bedeckt, den ihm seine Gattin Ilia gewebt hat.

Diese beiden Schilderungen geben zusammengenommen
alle einzelnen Züge der Stelle Claudians wieder, welche Sidonius hier vor Augen hat [2]). Wir finden bei ihm den Gott
in der Tiefe seiner Höhle gelagert: er trägt Schilf auf dem
Haupt und Stierhörner; das Wasser quillt ihm aus der Brust
hervor und läuft über die Stirn herab, der Bart löst sich in
Wellen auf; um die Schultern trägt er auch hier das von
seiner Gattin gewebte Gewand und führt, wie bei Sidonius,
die Urne [3]).

Das Auffallende dieser Schilderungen liegt in der eigenthümlichen Vorstellung, dass dem Gott das Wasser des Flusses,
welchen er repräsentiren soll, aus dem ganzen Körper hervor-
strömt: er stösst es aus der Brust aus, es quillt ihm über
Stirn und Antlitz und ergiesst sich über den ganzen Leib.
Im Uebrigen entspricht dies Bild vollständig demjenigen, wie
es römische Dichter öfters vom Tiber und anderen Flussgöttern entwerfen. So schildert ihn schon Vergil [4]), wie er
dem Aeneas erscheint, als greisen Gott mit wasserfarbenem
Gewande, das Haar von Schilf beschattet. Auch hier wird er
später von Aeneas (77) als

corniger Hesperidum Fluvius regnator aquarum

1) Carm. V, 22 sqq.
2) Carm. I. in Prob. et Olybr. cons. 209 sqq.
3) Ebenso der Inachus auf dem Schild des Turnus. Verg. Aen.
VII, 792; Rhenus bei Claud. III in Rufin. I, 133; Pactolus Claud. XX
in Eutrop. II, 172 u. A.
4) Aen. VIII, 31 sqq.

3 *

im Gebet angerufen, wie überhaupt bei den römischen Dichtern
fast durchgängig die Hörner zur Erscheinung der Flussgötter
gehören [1]).

Diese Schilderung Vergils scheint das bedeutend einfachere
Vorbild Claudians zu sein, den dann Sidonius noch verschnör-
kelter nachahmt; hier haben wir die einfache Vorstellung
eines gehörnten Gottes, der mit einem Gewand bekleidet und
mit Schilf bekränzt in dem Bett seines Flusses gelagert ist.

Der Typus der Flussgötter, welchen die römische Kunst
gewöhnlich anwendet, in der wir uns zunächst nach den Vorbildern dieser dichterischen Schilderungen umsehen werden,
stimmt in der Hauptsache mit diesen überein. In zahlreichen
Reliefs und statuarischen Darstellungen erscheinen die Flüsse
als liegende Götter, meist· bärtig und halbbekleidet; Ruder
und Urne bilden, wie bei Claudian, das gewöhnliche Attribut,
ebenso der Schilfkranz oder noch gewöhnlicher ein Schilf-
stengel in der Hand. Dagegen scheint die Vorstellung gehörnter Flussgötter der älteren, griechischen Kunst anzuge-
hören; Aelian, der den Darstellungen derselben einen eigenen
Abschnitt widmet [2]), unterscheidet zwei Arten: die unter dem
Bilde eines Stiers und die in menschlicher Gestalt dargestellten, und zählt für beide Beispiele auf. Doch lassen sich
seine Angaben nicht durch die Monumente belegen und
scheinen überhaupt mehr auf Cultusvorstellungen Bezug zu
nehmen, als auf künstlerische [3]). Die meisten der von ihm

---

[1]) Cf. Vergil Georg. IV, 371; Horaz Od. IV. 14, 25 tauriformis
Aufidus; Ovid Metam. XIII, 894; Valerius Flaccus I, 106; Statius
Theb. II, 217; bei Claudian noch XX in Eutr. II, 164 am Hebrus und
XXVIII de VI cons. Honor. 161 am Eridanus, der nicht mit Schilf,
sondern mit den Zweigen der Heliaden bekränzt ist; Carm. XXIV, 24;
bei Sidonius Carm. XXII, 41 am Ganges.

[2]) Var. hist. II, 33.

[3]) Darum wird auch Niemand den Kopf des Kephisos im westl.
Parthenongiebel mit Hörnern ergänzt zu denken brauchen, weil Aelian
überliefert Ἀθηναῖοι δὲ τὸν Κηφισὸν ἄνδρα μὲν δεικνύουσιν ἐν προτομῇ
(so Hercher; früher τιμῇ), κέρατα δὲ ὑποφαίνοντα.

angeführten Flussgötter sind in erhaltenen Denkmälern nicht nachweisbar, während bei ihm unter den stiergestaltigen grade derjenige fehlt, für welchen eine solche Darstellung durch zahlreiche Kunstwerke bezeugt und innerhalb der Monumente gradezu typisch ist.

Dies ist Acheloos, welcher auf Vasen des schwarzfigurigen und rothfigurigen Stils häufig im Kampfe mit Herakles dargestellt ist, während sonst die Darstellung der Flussgötter der Vasenmalerei fremd zu sein scheint [1]).

Acheloos erscheint hier, wie auf Münzen und anderen Denkmälern [2]) bald ganz als Stier gebildet, entweder wie die Kentauren mit ganzem menschlichen Oberleib oder nur mit Menschenkopf, bald in völlig menschlicher Gestalt, aber mit Stierhörnern [3]); dieselben Darstellungsweisen finden sich auch für andere Flussgötter auf Münzen, besonders grossgriechischer Städte.

Es ist auffallend, dass wir in den Schilderungen der römischen Dichter durchgehends einen Zug festgehalten finden, der dem in römischer Zeit allgemein geltenden künstlerischen Typus der Flussgötter fremd ist, mit dem sie im Uebrigen doch wesentlich übereinstimmen. Wir haben hier ein deutliches Anzeichen dafür, dass die Vorstellungen der Dichter von der äusseren Erscheinung der Götter, welche sie schildern,

---

[1]) Eine vereinzelte Ausnahme bildet der Ismenos auf einer Neapler Vase mit dem Drachenkampf des Kadmos (Millingen, Anc. uned. mon. I, 27; Heydemann, Vasensamml. des. Mus. nazion. zu Neapel, No. 3226), der aber nicht dem künstlerischen Typus der Flussgötter angehört, sondern mit den daneben erscheinenden Localgottheiten Thebe und Krenaie auf einer Stufe steht, so dass er ohne die Inschrift (ΙΣΜΗΝΟΣ) nicht als Gott des Flusses kenntlich sein würde.

[2]) Diese Darstellungen sind von Gerhard, Auserl. Vasenb. II, 106 und von Jahn, Arch. Zeitg. 1862, S. 313 behandelt.

[3]) Bei Jahn a. a. O., S. 325 und die Münzdarstellungen, Taf. 168, Nr. 2, 4, 6; die Gemme Nr. 3, welchen der schöne kleine Bronzekopf in Wien hinzuzufügen ist, der die Formen des Stierkopfes in menschliche umstilisirt (vgl. Brunn, Arch. Zeitg. 1874, S. 112).

in diesem Fall nicht unmittelbar von den künstlerischen Darstellungen ausgehen; denn es ist nicht anzunehmen, dass sie die Vorstellung gehörnter Flussgötter aus der griechischen Kunst entnahmen und dann mit Bewusstsein auch auf den anderen Typus übertrugen. Vielmehr bestand eine freie poetische Tradition neben der künstlerischen, und in dieser wurde jener Zug, der auf alter mythologischer Naturanschauung beruht [1]), festgehalten, während ihn die spätere Kunst zu Gunsten einer anderen Charakteristik fallen liess.

Ein ganz eigenartiger Zug aber in den Schilderungen Claudians und Sidonius' ist die Auffassung des Flussgottes im Verhältniss zu seinem Element. Wir finden hier eigentlich gar nicht mehr den wirklichen Gott, welcher den Strom repräsentirt oder beherrscht, sondern ein Wesen, das den abstracten Begriff des Elements zum Ausdruck bringen soll: Wasser quillt ihm nicht nur aus dem Munde, sondern aus allen Theilen des Körpers hervor, aus Stirn und Brust, so dass eine eigentlich persönliche, plastische Darstellung dieser Gestalt kann mehr möglich ist, die vielmehr als eine begriffliche Personification des Flusses erscheint.

Es ist klar, dass diese Schilderung nicht aus künstlerischer Anschauung hervorgegangen sein kann. Zwar findet sich das Hervorbrechen eines Wasserstrahls aus dem Munde schon auf griechischen Darstellungen, aber doch nur bei dem in Stiergestalt gebildeten Acheloos, hier als ein conventionelles Mittel, diesen Stiermenschen als Flussgott zu bezeichnen [2]); mit der Würde eines als wirkliche Person gedachten Gottes hätte man dies Motiv gewiss nicht vereinbar gehalten. Für die Auffassung der römischen Dichter aber sind grade diese Züge ihrer Schilderungen charakteristisch:

---

[1]) Cf. Schol. Soph. Trach. 13. Spanhemius de praest. et usu numism. antiq., p. 395 der 2. Ausg., Amstel. 1717.

[2]) Aehnlich, nur künstlerisch feiner, ist seine Charakteristik bei Soph. Trach. 12 sqq.: (Ἀχελῷος) — — ἀνδρείῳ κύτει βούπρωρος· ἐκ δὲ δασκίου γενειάδος κρουνοὶ διερραίνοντο κρηναίου ποτοῦ.

sie bezeichnen den Endpunkt einer Entwickelung, deren con-
sequenter Verlauf dahin geht, in der ursprünglichen mythologischen Person der Flussgötter immer mehr den Begriff
des Elementes hervorzuheben und schliesslich zur Hauptsache
zu machen.

Am deutlichsten findet dieser Entwickelungsprocess seinen
Ausdruck in der bildenden Kunst. Die ältesten erhaltenen
Darstellungen von Flussgöttern sind die aus dem Ostgiebel
des Tempels in Olympia und dem westlichen Parthenongiebel.
Diese Statuen zeigen uns in den Gestalten des Alpheios und
Kladeos, sowie des Kephisos nicht Personificationen dieser
Flüsse, sondern wirkliche Götter, wie sie im Mythos und
Cultus gefeiert wurden, in ihrer äusseren Erscheinung nicht
verschieden von anderen Göttern und Heroen; nur in der
Haltung und Formenbehandlung des Körpers ist bei ihnen,
besonders an der Parthenonfigur, der Charakter des Flussgottes zum künstlerischen Ausdruck gebracht. Dass die spätere
Zeit in dieser Richtung der Charakteristik weiter ging und
die Andeutung des fliessenden Elements in der Gestalt der
Flussgötter mehr hervortreten liess, das zeigt, selbst nach
Abzug dessen, was wir als witzige Pointe eines Epigramma-
tisten zu betrachten haben [1]), die Nachricht über den Eurotas
des Eutychides, eines Schülers des Lysipp: „in quo artem
ipso amne liquidiorem plurimi dixere" [2]).

In derselben Zeit der hellenistischen Kunst zeigt sich
aber auch schon eine von ganz anderen Principien ausgehende
Auffassung dessen, was durch die Kunst zum Ausdruck gebracht werden soll: die Ausbildung von Gestalten, in denen
nicht ein von Haus aus mythologisches Wesen, sondern das
Element als solches dargestellt werden soll. Als ein allgemeiner Vertreter dieser Richtung kann der Vaticanische
Okeanoskopf gelten [3]),' in dessen Darstellung sich nicht

[1]) Vgl. Jahn, Ber. der sächs. Ges. d. W. 1850, S. 123.
[2]) Plin. XXXIV, 78.
[3]) Mus. Pio Clem. VI, 5; Nachbildungen und Variationen dieses

der Charakter einer bestimmten, vom Mythos überlieferten
Gottheit erkennen lässt; vielmehr scheint es die Absicht des
Künstlers gewesen zu sein, hier das Meer selbst, als das
flüssige, mächtig erregbare Element künstlerisch zur Erscheinung zu bringen, das den Eindruck unendlicher Fülle
in ihm erweckte und durch eine phantastische Thier- und
Pflanzenwelt seine Einbildungskraft lebhaft anregte. Von
Darstellungen der Flussgötter gehört hierher der gewiss in
alexandrinischer Zeit erfundene Typus des Nil [1]), nach welchem
von der römischen Kunst auch der des Tiber gebildet wurde.
Hier zeigt sich in der Häufung der Attribute und der materiellen Andeutung des Wassers unverkennbar das Bestreben,
nicht mehr den Flussgott als rein mythologische Person,
sondern vielmehr den Fluss selbst in seiner Bedeutung für
das Land nach allen Richtungen hin zur Darstellung zu
bringen: als das fliessende Element, als Spender der Fruchtbarkeit, als Ernährer von Thieren und Pflanzen, als Vermittler
des Handels, kurz als einen Inbegriff aller seiner Eigenschaften
und Producte.

Die Aufgabe, solche mehr begriffliche Wesen darzustellen, ist in diesen beiden Fällen noch in künstlerisch be-
friedigender Weise gelöst: am Okeanos sind die Andeutungen
des Elements organisch mit den menschlichen Formen ver-
schmolzen, am Nil ist aus der Menge der hinzugefügten
Attribute eine harmonisch wirkende Composition gebildet und
die materielle Andeutung des Elements auf die Basis beschränkt. Wir sehen, dass wir hier Werke einer selbst noch
künstlerisch productiven Zeit vor uns haben, deren Keime
wohl noch weiter zurückliegen [2]); noch mehr mag in dieser

Typus finden sich auf Sarkophagen; vgl. Benndorf und Schöne,
Die antik. Bildw. des Lateran. Mus., No. 501.

[1]) Mus. Pio Clem. I, 30; Clarac, Mus. de sculpt., pl. 744 u. 748,
No. 1811—1813 u. pl. 338, No. 1818; pl. 749, No. 1819 u. a.; vgl.
Helbig, Untersuchungen über die Campan. Wandmal., S. 29 f.

[2]) Die Schöpfung von Meerwesen, Tritonen etc., aus denen Dar-

Richtung mit ihren weit reicheren Mitteln die Malerei jener
Zeit geleistet haben [1]).

Die römische Kunst entnahm ihren Typus der Flussgötter den hellenistischen Vorbildern, von denen uns der Nil
als Beispiel dienen kann, indem sie die Attribute verschieden‘
combinirt und als conventionelle Andeutung des Elements die
Urne annimmt. Doch giebt es auch Anzeichen, dass die
römische Auffassung dieser Wesen in der bezeichneten Richtung noch einen Schritt weiter that und gradezu die Person
des Flussgottes mit dem materiellen Element vermischte. Das
hervorragendste Beispiel dafür ist die Darstellung des Danubius
auf der Trajanssäule [2]), der nur bis an die Schultern aus dem
Wasser seines Flusses hervorragt; von ihm wird später noch
die Rede sein. Eine ähnliche Erscheinung zeigt sich auch
auf einem noch späteren Werk von ausgeprägt römischem
Charakter: auf einem der Friesreliefs vom Constantinsbogen,
das wir schon oben bei Gelegenheit der Romadarstellungen
anzuführen hatten [3]), ist der Kampf an der Mulvischen Brücke
dargestellt; unter dieser, am Ende der Composition, strömt der
Tiber hervor, davor aber lagert der Flussgott, die Urne haltend,
aus welcher ebenfalls Wasser herausfliesst. Die realistische
Darstellung des wirklichen Wassers, die durch das ganze
Relief hindurchgeht, in welchem Ross und Reiter ertrinken,
ist hier vermischt mit der idealen Auffassung des Flusses

---

stellungen wie der Vatik. Okeanoskopf sich entwickelt haben mögen,
hat Brunn auf Skopas zurückgeführt (Künstl. Gesch. I, 330 ff.).

[1]) Eine Darstellung solcher Art kann der Schilderung des Phasis
bei Philostrat. jun. imag. VIII zu Grunde liegen: τό τε ἀθρόον τοῦ
ῥεύματος οὐκ ἀπὸ κάλπιδος ἐκχεόμενον, ᾗπερ οὖν εἴωθεν, ἀλλ᾽ ἀπὸ παντὸς
ἐκπλημμύρον κ. τ. λ. (vgl. Brunn, Zweite Vertheidigung der Phil.
Gem., S. 87); aber diese Ausdrucksweise ist doch der jener Dichter zu
ähnlich, um sie wörtlich zu verstehen.

[2]) Fröhner, La colonne Trajane, pl. 31, und tome IV, pl. 1.

[3]) Bartoli et Bellori, Vet. arc., tab. 46; über den jetzt erkennbaren
Thatbestand verdanke ich einer freundlichen Mittheilung aus Rom einige
weitere Nachrichten.

als ein Gott, dessen Urne das Wasser andeuten soll; diese
beiden, von Grund aus verschiedenen Auffassungen gehen hier
in einander über, und so sehen wir, wie der Gott des Flusses,
der doch das Element in seiner Person verkörpert vorstellen
soll, in der materiellen Darstellung desselben sich nahezu
selbst auflöst: die untere Seite des Körpers ist davon umspült
und verschwindet im Wasser.

Aus derselben Tendenz der römischen Anschauungsweise,
die Götter mehr von ihrer begrifflichen oder elementaren
Seite aufzufassen, als von der eigentlich mythologischen oder
poetischen, sind noch verschiedene andere Modificationen göttlicher Wesen hervorgegangen, die auch in der Kunst ihren
Ausdruck gefunden haben.

So hat, um nur Einiges hervorzuheben, die römische
Kunst den materiellen Begriff des Himmels personificirt und
dieses Wesen zu einer festen, typisch geltenden Darstellungs-
form durchgebildet [1]). Die charakteristischen Merkmale dieser,
immer nur mit halbem Leibe sichtbaren Gestalt, die ein Ge-
wandstück über dem Haupte sich bauschen lässt, sind dann
mit geringen Veränderungen auf Jupiter selbst übergegangen,
und so erscheint dieser z. B. auf der Silberschale von
Aquileja in einer Weise dargestellt, dass er hier gradezu
Caelus benannt werden kann [2]). Ebenso ist auf dem Panzer des
Augustus von Prima Porta [3]) das Element des Himmels bezeichnet, und in demselben Typus erscheint der Jupiter tonans
auf der Trajanssäule [4]), welcher im Hintergrunde über einer
Schlachtdarstellung mit halbem Oberkörper sichtbar ist. Das
Gewand wallt im Bogen hinter dem Haupt und in wilder

---

[1]) Vgl. Jahn, Ber. der sächs. Ges. d. W. 1849, S. 63 ff. Wenn
sich auch für dies Wesen, wie Jahn, S. 66 anführt, schon in hellenistischer Zeit ein Analogon findet, so gehört doch seine typische Fixirung
und Verwendung gewiss erst der römischen Kunst an.

[2]) Monum. dell' Inst. III, 4; so bezeichnet ihn Brunn, Münch.
Akad., Sitzungsber. phil.-hist. Cl. 1875, I, S. 20.

[3]) Mon. dell' Inst. VI u. VII, 84.

[4]) Fröhner, La col. Trajane, pl. 49, u. tome IV, pl. 34.

Erregung holt er mit der Rechten aus, als wollte er den Blitz
unter die Feinde schleudern: aus der Person des höchsten
Himmelsgottes ist hier ein Wesen geworden, welches das
Element des Himmels und die Naturerscheinung des Gewitters
personificiren soll.

Eine genau entsprechende Entwickelung aber, wie wir
sie bei den Flussgöttern gefunden haben, zeigen die Darstellungen der Windgötter in der Kunst, die wir hier kurz
berühren, weil sie ein in diesem Zusammenhang werthvolles
Analogon zu jener späteren römischen Auffassung der Flussgötter darbieten, durch welches sich das über jene Bemerkte
bewahrheiten lässt. Aus der älteren griechischen Kunst sind
von Darstellungen der Windgötter nur die des Boreas beim
Raube der Oreithyia in der rothfigurigen Vasenmalerei und
einigen kleineren Gruppen bekannt. Hier haben wir einen
wirklichen Gott, der in bestimmter, vom Mythos überlieferter
Handlung auftritt; die künstlerische Charakteristik dieser
Gestalt als rauher Windgott besteht in der Beflügelung und
(z. B. auf der Münchener Boreasvase [1]) in dem struppigen,
wie Eiszapfen starrenden Haupt- und Barthaar.

Ganz anders aufgefasst erscheinen die verschiedenen Winde
auf einem Denkmal der späteren hellenistischen Zeit, dem
Thurm der Winde in Athen [2]). Hier ist ihre Charakteristik
auf verstandesmässig berechnete Weise in ein förmliches
System gebracht und durch Attribute erreicht, welche die
Natur der einzelnen Winde symbolisch andeuten sollen. Wir
haben hier keine eigentlich mythologischen Wesen mehr,
sondern begriffliche Personificationen der Windrichtungen,
welche unter der Wetterfahne auf der Spitze des Gebäudes,
wie wir sagen würden, als „Windrose" die Himmelsgegenden

---

[1] Jahn, Vasensammlung, Nr. 376 mit der Literatur. Auf dem
Kasten des Kypselos war er schlangenfüssig dargestellt. Paus. V.
19, 1.
[2] Stuart, Antiq. of Ath. I. 14. Millin, Gal. myth., pl. LXXV sqq.,
Nr. 315—323.

bezeichnen sollen, während das Ganze als Sonnenuhr diente.
Aber so nüchtern uns auch diese Darstellung im Vergleich
mit den früheren erscheinen mag, so müssen wir ihr doch
ein künstlerisches Verdienst noch zusprechen, wenn auch nicht
das gleiche, wie jener hellenistischen Flussgötterbildung, welche
dieser Stufe der Auffassung entspricht, dem Nil. Die eigentlich mythologische Substanz der Windgötter ist hier ver-
flüchtigt, aber ihre künstlerische Persönlichkeit ist gewahrt,
nirgends sehen wir die Personification des Windes in den
Begriff dieses Elements selber übergegangen [1]).

Diesen weiteren Schritt hat dagegen auch hier die römische
Kunst gethan; neben den auf griechische Vorbilder zurück-
gehenden Darstellungen der Windgötter, die sich in Reliefs [2]),
besonders auf Sarkophagen [3]) öfters finden, begegnen wir hier,
auf einem Monumente späterer Zeit von specifisch römischem
Charakter einer Darstellung von ganz anderer Art. Auf
einem Relief der Marc Aurel's-Säule [4]) erscheint eine Gestalt,
die gewöhnlich als Jupiter Pluvius bezeichnet wird, und deren

---

[1]) Ein bis jetzt alleinstehendes Beispiel dafür, dass auch dies in
der spätesten griechischen Kunst geschah, bietet die — in ihrer Aecht-
heit, wie es scheint, nicht anfechtbare — Darstellung eines Windgottes als
blosser Kopf mit blasenden Backen auf einer Canusiner Vase dar (H e y d e -
m a n n, „Zeus im Gigantenkampf": Erstes Hallisches Winckelmannsprogr. 1876), welche gewiss nicht älter ist, als das zweite Jahrhundert
v. Chr. Es ist wohl nicht zufällig, dass diese Darstellung nur auf
einer der spätesten und rohesten Vasen von unteritalischer Fabrik sich
findet; eine mythologische Motivirung und Benennung scheint für diese
Gestalt kaum mehr angemessen.

[2]) Am schönsten auf den Reliefs in Palazzo Colonna, die zuletzt
Arch. Zeitg. 1875, Taf. 4 mit dem Text von M a t z, S. 18 publicirt
sind.

[3]) Auf dem Capitolin. u. Neapler Prometheussarkophag: M ü l l e r -
W i e s e l e r, Denkm. II, Taf. LXV u. LXVI, Nr. 838 u. 841. Auf
Phaethonsarkophagen: M i l l i n, Gal. myth., pl. XXVII, 83; W i e -
s e l e r, Phaethon, Taf. 2 u. 4.

[4]) M ü l l e r - W i e s e l e r, Denkm. I, Taf LXXI, Nr. 395, und bei
O v e r b e c k, Plastik II, S. 408 nach B a r t o l i u. B e l l o r i, Col. Anton.,
tb. 15.

Erscheinung über ihre Bedeutung als Regengott auch in der
That keinen Zweifel lässt. Aber grade dieser Erscheinung
gegenüber ist jene Bezeichnung gewiss nicht gerechtfertigt;
andere Beispiele, wie jener Jupiter-Caelus auf der Silberschale von Aquileja und der Jupiter tonans auf der Trajanssäule zeigen, dass man selbst bei einer derartigen Auffassung
die überlieferte künstlerische Typik einer Göttergestalt nicht
so ganz aufgab, wie es hier der Fall sein würde; vielmehr
deuten die Flügel dieser Gestalt bestimmt darauf hin, dass
wir in ihr einen Windgott zu erkennen haben. Wenn wir
einen bestimmten Namen für diesen Regenwind anwenden
wollen, so scheint der des Notus am meisten geeignet [1]), dessen
Erscheinung Ovid an einer bekannten Stelle ganz entsprechend
schildert (Metam. I, 264 sqq.):

> madidis Notus evolat alis,
> terribilem picea tectus caligine vultum:
> barba gravis nimbis, canis fluit unda capillis,
> fronte sedent nebulae, rorant pennaeque sinusque.

Ebenso wie er auf jenem Relief durch die ausgestreckten
Hände Ungewitter und Platzregen hervorruft, scheint ihn sich
auch Ovid vorzustellen:

> utque manu lata pendentia nubila pressit,
> fit fragor, inclusi funduntur ab aethere nimbi.

Diese Schilderung Ovids ist ein vollständiges Gegenstück
zu jenen Beschreibungen des Tiberis bei Claudian und Sidonius
und lässt uns schon bei einem Dichter der augusteischen Zeit
die Tendenz erkennen, bei Wesen dieser Art die elementare
Seite auf Kosten der eigentlich mythologischen hervorzuheben.
Noch drastischer aber führt uns dies jene spätrömische Darstellung vor Augen, in welcher von der Persönlichkeit des
Windgottes als mythologisches Wesen nichts mehr übrig geblieben ist, vielmehr ist sie ganz in den Begriff der Natur-

---

[1]) Wieseler in der 2. Auflage der Denkmäler d. alten Kunst I,
S. 97.

erscheinung [1]) übergegangen, welche er hier repräsentiren soll, und erscheint somit als Personification des Regens in einer Gestalt, welche selbst nahezu zu zerregnen scheint.

Indem wir von dieser Abschweifung zu unseren Dichtern zurückkehren, möge hier noch ein Hinweis auf die Aehnlichkeit gestattet sein, welche sich nicht nur hinsichtlich dieser einzelnen Schilderungen, sondern auch in der Gesammtanlage der Composition zwischen jenen historischen Gedichten bei Claudian und Sidonius und den geschichtlichen Darstellungen der römischen Monumente nicht verkennen lässt. Ebenso wie wir bei den Dichtern eine Verbindung mythologischer und pseudomythologischer Elemente mit der reinen, nüchternen Erzählung historischer Begebenheiten finden, treffen wir hier Wesen wie Flussgötter, Victoria, Virtus und ähnliche mitten in der trockensten Schilderung von Schlachten und Triumphzügen, die sonst grade in einer ganz realistisch treuen Wiedergabe der Wirklichkeit bis in die Details der militärischen Ausrüstung hinein, ihr besonderes Verdienst sucht.

Diese Vermischung des Historischen und Mythologischen erscheint grade für den specifisch römischen Charakter dieser Monumente bezeichnend und ist von scheinbar ähnlichen Erscheinungen innerhalb der eigentlich hellenischen Kunst durchaus verschieden. Wenn wir z. B. in dem Gemälde der Schlacht von Marathon von Panainos in der Poikile in Athen [2]) Athena und die Heroen Marathon, Theseus, Echetlos und Herakles in dieser historischen Composition erscheinen sehen, so wäre dies schon an sich bei der ohne Zweifel vorauszusetzenden idealen Auffassung der ganzen Darstellung viel weniger

---

[1]) Diese ist hier als gewaltiger Regen vom Künstler aufgefasst; anders schildert diese Katastrophe in dem Feldzug des Marc Aurel gegen die Marcomannen Claudian XXVIII de VI cons. Honor. 342 sqq.

[2]) Paus. 1. 15, 3.

auffallend und keineswegs dem gleichzustellen, was uns auf
jenen römischen Reliefs entgegentritt. Aber diese Götter
waren noch dazu theils mit dem Local des dargestellten Er-
eignisses, theils mit diesem selbst durch die mannigfaltigsten
Fäden des Mythos und Cultus verknüpft [1]): der Heros Echetlos
hatte nach der Volkssage wirklich an dem Kampfe gegen die
Barbaren Theil genommen, ebenso wie in noch viel späterer
Zeit bei dem Einfall der Gallier in Delphi Pyrrhos und zwei
Dämonen den Griechen hülfreich zur Seite stehen [2]), die in
einer Darstellung dieses Kampfes wohl kaum fehlen würden.
Das sind also Züge, die dem Künstler von der mythischen
Tradition als wesentliche Bestandtheile des geschichtlichen Fac-
tums, das er darzustellen hatte, geboten wurden.

Etwas anders verhält es sich schon mit einigen Gemälden des Bruders oder Neffen des Polygnot [3]), welche der Zeit
um Ol. 90 angehören, und deren Gegenstand damals als anstössige Neuerung befunden wurde: das eine stellte Alkibiades
dar, von Olympias und Pythias bekränzt, das andere zeigte
ihn auf den Knieen der Nemea sitzend. Diese Gestalten
sind aber nicht Landes- oder Localgottheiten, sondern Personificationen der Kampfspiele und sollen hier symbolisch den
Gedanken ausdrücken, dass Alkibiades in diesen gesiegt hat.
Aelter noch ist eine Gruppe des Amphion [4]), die von den
Kyrenäern nach Delphi geweiht wurde: Battos auf einem von
Kyrene gelenkten Wagen, von Libya gekrönt; hier wird das
Anstössige einer solchen Verbindung dadurch gemildert, dass
der halbmythische Gründer von Kyrene als ἥρως κτίστης

---

1) Paus. I. 32, 4 u. 5; vgl. Brunn, Künstl. Gesch. II, S. 21.
2) Paus. I. 4, 4.
3) Athen. XII, 534 D schreibt sie dem Aglaophon zu (vgl. Brunn,
Künstl. Gesch. II, S. 14 u. 54; dagegen Bursian Fleckeisens
Jahrb. f. Philol. 1856, S. 516 f.); das zweite, das wohl mit dem von
Paus. I. 22, 7 in der Pinakothek erwähnten identisch ist, führt
Plutarch Alkib. 16 als Werk des Aristophon an, mit der Bemerkung: οἱ
δὲ πρεσβύτεροι καὶ τούτοις ἐδυσχέραινον, ὡς τυραννικοῖς καὶ παρανόμοις.
4) Paus. X. 15, 6.

erscheint, mit dem die Göttin des Landes und der von ihm
gegründeten Stadt wohl vereinigt werden konnte. Eine eigentliche Vermischung mythologischer Wesen mit Darstellungen
aus der unmittelbaren Wirklichkeit liegt also hier noch
nicht vor.

Eine solche tritt dagegen deutlich schon in Werken der
alexandrinischen Zeit hervor, wie in einigen Bildern des
Apelles, welche das historische Porträt Alexanders mit dem
gefesselten Kriegsdämon oder den Gestalten der Dioskuren
und Nike verbunden enthielten [1]), oder dem Gemälde des Anti-
philos, welches Alexander und Philipp neben Athena darstellte [2]). Auf einem erhaltenen Werke hellenistischer Kunst,
der Neapler Dariusvase [3]), ist mit der historischen Darstellung
eine mythologisch-symbolische verbunden, deren Erfindung eine
schon stark reflectirende Gedankenrichtung verräth. Aber der
historische Vorgang ist hier noch in einer durchaus idealen Weise
aufgefasst, die Charakteristik der Personen ist weit entfernt
von einer realistischen Wiedergabe der Wirklichkeit, zudem
ist die mythologische Scene von der historischen räumlich ge-
schieden und dadurch als in einer anderen Sphäre vor sich
gehend bezeichnet. Es lässt sich grade hier erkennen, dass
man in dieser Zeit selbst bei Darstellungen solcher Art den
mythologischen Charakter göttlicher Wesen noch zu wahren
und zwischen ihnen und Elementen anderer Art künstlerisch
zu vermitteln wusste.

In der höfischen Kunst der Diadochen ist die Verbindung
der Person des Herrschers mit der Landesgöttin ein gebräuch-

---

[1]) Plin. XXXV, 27 u. 93; vgl. Brunn, Künstl. Gesch. II, S. 209 f.
Die von Wustmann (Apelles, S. 105, Anm. 30) zuversichtlich wiederholte Ansicht, dass nicht der Kriegsdämon, sondern ein gefesselter
Barbar auf dem ersteren dieser Bilder neben dem triumphirenden Alexander dargestellt gewesen sei, ist gegenüber dem Zeugniss des Plinius
gewiss nicht gerechtfertigt und scheint bei ihm nur durch die ebenso
willkürliche Annahme einer Beziehung dieses Bildes auf die Schlacht
von Issos (S. 52) veranlasst.

[2]) Plin. XXXV, 114.

[3]) Mon. dell' Inst. IX, tav. 50—51.

liches Motiv: eine Statuengruppe in Olympia [1]) stellte Hellas
und Elis dar, jene den Antigonos und Philippos, diese De-
metrios und Ptolemaios bekränzend; umgekehrt wurde die
Tyche von Antiocheia in jener bekannten Gruppe von Seleukos
und Antiochos bekränzt [2]). Aehnliches findet sich in dem
Festzug des Ptolemaios Philadelphos in Alexandria, dessen
grosse, nachweisbare Uebereinstimmung mit künstlerischen Darstellungen [3]) es gestattet, ihn gleichfalls hier anzuführen.
Hier erschien [4]) in dem Zuge des Dionysos unter anderen
Darstellungen auch die des Gottes, wie er vor den Ver-
folgungen der Hera an den Altar der Rhea flüchtet, dabei
standen die Bildsäulen des Alexander und Ptolemaios und
neben diesen die der Arete mit goldenem Aehrenkranze,
sowie Priap und die Stadt Korinth [5]); es folgten prächtig
gekleidete und geschmückte Frauen, welche als die Städte
Joniens und Griechenlands bezeichnet waren.

In hellenistischen Darstellungen solcher Art haben wir
also die Keime und Vorbilder dessen zu erkennen, was uns auf
jenen römischen Denkmälern entgegentritt; als neues Element
aber und zwar gerade als dasjenige, welches den specifisch
römischen Charakter derselben auszumachen scheint, kommt
hier hinzu der krasse Realismus der historischen Darstellung
und das gänzliche Aufgeben des eigentlich mythologischen

---

1) Paus. VI, 16, 3.
2) Joh. Malal. Chronogr. XI, p. 276, 5 ed. Bonn. .
3) Cf. E. Petersen, Annali dell' Inst. 1863, p. 372 sqq.
4) Athen. V, p. 201 C und D.
5) Die Bedeutung dieser Verbindung von Alexander und Ptolemaios
mit jenem Mythos des Dionysos ist allerdings schwer zu erklären; dadurch
scheint es aber noch keineswegs gerechtfertigt, einen Zusammenhang
zwischen diesen beiden Darstellungen überhaupt zu verneinen, wie
J. Kamp (de Ptolemaei Phil. pompa bacchica; Diss. Bonn. 1864,
p. 11 sq. not.) thut, der sodann statt Priapos und Korinth: Herakles und
die Stadt Alexandreia in den Text setzt. So naheliegend solche Com-
binationen sind; so berechtigt uns doch nichts, sie dem überlieferten
Thatbestand zu substituiren, weil dieser uns jetzt weniger verständlich
erscheint.

Gehalts der göttlichen Wesen, welche in dieselbe verflochten werden. Dies Letztere zeigt sich besonders darin, dass von einer solchen Verwendung ursprünglich wirkliche Götter und solche Wesen, denen eine eigentlich mythologische Berechtigung n i c h t zukommt, gleichmässig betroffen werden; beide werden von den Künstlern in gleicher Weise eingeführt und unmittelbar mit dem realistischen Inhalt ihrer Compositionen verbunden, um dadurch einen abstracten Gedanken verstandesmässig zum Ausdruck zu bringen. Dass die Künstler hierin nur dem allgemeinen Zug der römischen Anschauungsweise folgen, zeigt ihre Uebereinstimmung in dieser Auffassung mit den römischen Dichtern, von der wir einige Beispiele hier hervorheben, welche zur Erläuterung künstlerischer Darstellungen dienen können.

In dem Gedicht auf das Consulat des Probinus und Olybrius [1]) fanden wir bei Claudian unter anderen Wesen ähnlicher Art den Tiberis, der den festlichen Zug der neuen Consuln ansieht und mit freudigem Stolze begrüsst; wie hier der Dichter den Flussgott einführt, als einen conventionellen Ausdruck, um den Antheil zu bezeichnen, welchen Stadt und Land an diesem Ereigniss nehmen, ebenso sehen wir ihn bei einem anderen Vorgang an seinem Ufer in entsprechender Auffassung auf einem Monument dargestellt: bei der Schlacht an der Mulvischen Brücke auf einem der Reliefs vom Constantinsbogen.

In ähnlichem Sinne schildert an einer anderen Stelle [2]) Claudian den Eridanus, wie er in seiner Höhle die Nachricht von dem plötzlichen Rückzug des besiegten Alarich erhält und nun, mit dem Haupte aus den Wellen emportauchend, das zersprengte Barbarenheer vorbeiziehen lässt, dem er Verwünschungen nachsendet. Hier werden, wir uns der Darstellung der Trajanssäule erinnern [3]), in welcher der Danubius

---

[1]) Carm. I, 209 sqq.
[2]) Carm. XXVIII de VI cons. Honor. 146 sqq.
[3]) F r ö h n e r, Col. Traj., pl. 31 u. tome IV, pl. 1.

beim Auszug des römischen Heeres auftritt: er erscheint hier
ebenso, unter einer Art Höhle, mit dem halben Oberleib aus
dem Wasser des Flusses hervorragend; nur ist in diesem Fall
der Flussgott dem Heere, das seine Fluthen überschreitet,
günstig gesinnt: er verfolgt mit theilnehmendem Blick die
römischen Legionen und unterstützt mit der Rechten die
Schiffbrücke, über welche sie marschiren.

Für die Verbindung von Wesen wie Roma, Italia oder
Africa mit historischen Personen, besonders mit der des
Kaisers, die wir bei Claudian und Sidonius wie bei anderen
römischen Dichtern finden, bieten aus dem Bereich der Monumente einige weitverbreitete Typen römischer Kaisermünzen
den unmittelbarsten Vergleich dar. Wie bei Claudian [1]) Roma
im Namen aller Provinzen vor Stilicho erscheint, um ihn zur
Annahme des Consulats zu bewegen, oder vor Honorius [2]),
um ihn zum Einzug in Rom zu überreden, so sehen wir auf
zahlreichen Münzen Hadrians [3]) mit der Aufschrift adventui
Augusti (Asiae, Hispaniae, Britanniae etc.) den Kaiser gegenüber der Provinz, welche ihn empfängt oder begrüsst. Auf
den mit restitutori (Italiae, Galliae, Africae etc.) bezeichneten
Typen [4]) erscheint der Kaiser vor der Gestalt einer Provinz,
welche sich vor ihm auf die Kniee geworfen hat und der er
die Hand reicht, um sie wieder aufzurichten: der gleiche
Gedanke, welchen Sidonius [5]) ausdrückt, indem er Africa vor
dem Thron der Stadtgöttin niederfallend den Majorian als
Kaiser und Retter erflehen lässt.

Bei Victoria, die wir auf den Triumphalreliefs und auf

---

[1]) Carm. XXII, 269 sqq.
[2]) Carm. XXVIII, 356 sqq.
[3]) Cohen, Adrien 56—62; 579—628; auf den mit adventus Aug.
bezeichneten Münzen: Cohen, Adr. 63 ff. u. 629 ff. reicht Roma dem
Kaiser zum Empfang die Hand.
[4]) Auf Münzen Trajans: Cohen, Tr. 208 u. 373; Hadrians:
Cohen, Adr. 445—459 u. 1050—1090; Marc Aurels: Cohen, Marc
Aur. 615 f.
[5]) Carm. V, 52 sqq.

4 *

Münzen so häufig den Kaiser bekränzen sehen, ebenso wie sie
in anderen historischen Darstellungen [1]) erscheint, um einen
siegreichen Feldherrn zu bezeichnen, ist eine solche Verwendung weniger auffallend. Schon die griechische Nike ist,
wie Eros, im Grunde mehr begrifflichen, als eigentlich mythologischen Ursprungs; ihre Ausbildung als selbständiges
Wesen gehört weniger dem Mythos an, als der bildenden
Kunst, und von dieser ist sie schon frühzeitig als symbolischer
Ausdruck des Sieges auch in nicht mythologische Darstellungen
eingeführt worden. So erscheint sie besonders häufig in der
Vasenmalerei und auf Münzen sicilischer Städte, auf denen
sie ein Viergespann oder dessen Lenker bekränzt [2]). Eine
Verbindung mit bestimmten historischen Personen zeigt sich
auch hier wiederum zuerst in der Zeit Alexanders, dessen oben
erwähntes Porträt von Apelles mit Nike und den Dioskuren
zusammengestellt war; ebenso erschien in dem Festzug des
Ptolemaios Philadelphos [3]) sein Bild zwischen Athena und
Nike. Ob in diesen Darstellungen Nike in derselben Weise
auftrat, wie so häufig auf späteren Werken, wo sie einen
Kranz über das Haupt des siegreichen Feldherrn hält, ist
zwar nicht überliefert, an sich aber wahrscheinlich. Doch ist
immerhin bemerkenswerth, dass in der einzigen Monumenten-
klasse, welche eine zusammenhängende Entwickelungsreihe zu
verfolgen gestattet: auf den Münzen, dies Motiv erst in
römischer Zeit allgemein verbreitet ist, während es noch auf
hellenistischen Münzen nur ganz vereinzelt auftritt [4]).

---

[1]) So auf einem Sarkophag mit der Darstellung überwundener Barbaren Admiranda urb. Rom. tab. 23; Mus. Pio-Clem. V, 31; öfters auf
römischen Hochzeitssarkophagen, z. B. Rossbach, Röm. Hochzeits-
und Ehedenkmäler, Taf. 1 und andere Beispiele S. 118 ff.

[2]) Imhoof-Blumer, Die Flügelgestalten der Athena und Nike
auf Münzen. Wiener Numism. Zeitschr. 1871, S. 8 ff.

[3]) Athen. V, p. 202 A.

[4]) Es ist mir nur ein einziges Beispiel dafür bekannt, auf der
Münze eines unbestimmten Seleukos (Imhoof-Blumer, Choix de monn.
Grecques, pl. VI, 198), welche nach ihrem Stil einem der ersten Könige dieses
Namens angehören mag.

Für jene römischen Darstellungen kommt der Unterschied, wie er zwischen eigentlichen Göttern und Wesen wie Nike und Eros besteht, der in der griechischen Kunst die frühere Verbindung dieser letzteren mit nicht mythologischen Darstellungen herbeiführte, kaum mehr in Betracht, denn in der römischen Kunst sehen wir in ähnlich abstractem Sinn auch andere mythologische Gestalten verwendet, in deren Wesen eine solche Auffassung keineswegs begründet ist. Nach römischer Anschauungsweise soll die materielle Erscheinung der Göttin Victoria den Begriff des Sieges zum Ausdruck bringen; wie sehr dabei das Bewusstsein von der ursprünglichen, künstlerisch - symbolischen Bedeutung dieses Wesens zurückgetreten ist, lassen besonders deutlich einige Stellen Claudians erkennen, in welchen er mitten in ganz realistisch-historischen Gedichten die Göttin in Person auftreten lässt.

So führt er in dem Gedicht auf das sechste Consulat des Honorius [1]), während der Kaiser im Senat seine Thaten darlegt, Victoria ein, „die unermüdliche Geleiterin seines Kriegslagers", welche auch fernerhin für alle Zukunft sich dem Honorius und diesen der Roma verspricht. Ebenso erscheint sie wiederum vor Aller Augen, wo der siegreiche Stilicho sich dem jubelndem Volke zeigt [2]):

> quae vero procerum voces, quam certa fuere
> gaudia, quum totis exurgens ardua pennis
> ipsa duci sacras Victoria panderet alas.

---

[1]) Carm. XXVIII, 597 sqq.
[2]) Carm. XXIV, 202 sqq.

III.

Die Gestalt der Victoria führt uns von den im Vorhergehenden betrachteten Wesen zu einigen anderen hinüber, denen ursprünglich viel mehr mythologischer Gehalt zukommt, als jenen Personificationen, die aber von römischen Künstlern und Dichtern in gleich abstractem Sinne, wie diese, verwendet werden.

So hat die römische Kunst aus den griechischen Horen durch eine einseitige und begriffliche Auffassung ihres Wesens die Personificationen der Jahreszeiten herausgebildet. Dass dies nicht die ursprüngliche Vorstellung von den Horen ist, hat Lehrs [1]) nachgewiesen; ihre Dreizahl geht keineswegs auf die der griechischen Jahreszeiten zurück, vielmehr weisen ihre Namen sowie ihre Abstammung von Zeus und Themis auf eine allgemeinere, ethische Bedeutung hin.

Eine solche ist auch in den älteren griechischen Darstellungen der Horen noch deutlich erkennbar, welche meist Tempelbilder sind oder doch durch ihre Verbindung mit anderen Wesen ähnlicher Art die religiöse Bedeutung dieser Göttinnen hervortreten lassen. So standen die Horen des Smilis in Olympia [2]) neben dem Bilde ihrer Mutter Themis;

---

[1]) Populäre Aufs. aus dem Alterthum (2. Aufl.), S. 78 ff.
[2]) Paus. V, 17, 1.

mehrfach sind sie den Chariten [1]) gegenübergestellt, oder den Moiren [2]), um anzudeuten, dass „die stehenden Verhängnisse,' die Moiren, im Laufe der Zeiten durch die Horen herbeigeführt werden" [3]). In grösseren Göttervereinen erscheinen sie auch auf der Françoisvase [4]) neben den Moiren und Musen, auf dem archaistischen Altar aus Villa Borghese im Louvre [5]) den Chariten und Moiren gegenüber und auf der Berliner Sosiasschale [6]).

In den beiden letzten Darstellungen sind die Horen durch Blüthenzweige oder Blätter und Früchte in den Händen als die Gottheiten bezeichnet, welche den gesetzmässigen Lauf der Natur und die Entwickelung ihrer Erzeugnisse regeln und begünstigen; es ist hier aus ihrer allgemeinen religiösen Bedeutung eine Seite besonders hervorgehoben. Viel mehr noch tritt dies in Werken späterer Zeit hervor: so erscheinen auf einigen Triptolemosvasen malerischen Stils [7]) ausser Aphrodite, Satyrn und anderen Wesen, welche mehr eine symbolische als eigentlich mythologische Beziehung zu dieser Darstellung haben, auch die Horen, um die Bedeutung des dargestellten Vorgangs für das Leben der Natur in seinen verschiedenen Phasen zu bezeichnen. Entgegen der älteren, ethischen Auf-

---

1) So die Marmorstatuen des Endoios im Vorhof des Tempels der Athena Polias in Erythrae, Paus. VII, 5, 9; ebenso erscheinen die Horen neben den Chariten auf der Thronlehne des Zeus in Olympia, Paus. V, 11, 7 und in dem Stephanos der Hera des Polyklet, Paus. II, 17, 4.

2) Auf der Thronlehne des Zeus von Theokosmos in Megara, Paus. I, 40, 4 und auf dem Grabe des Hyakinthos, der Basis des Amyklaeischen Apollo, Paus. III, 19, 4 u. 5, wo sie nochmals neben den Musen aufgeführt werden.

3) Lehrs a. a. O. S. 83; vgl. Paus. I. 40, 4.

4) Monum. dell' Inst. IV, tv. 54—55.

5) Clarac, pl. 173; Müller-Wieseler, Denkm. I, Taf. 13, Nr. 45.

6) Monum. dell' Inst. I, tv. 24—25. Gerhard, Trinkschalen, Taf. 6—7.

7) Strube, Studien über den Bilderkreis von Eleusis, S. 15 ff.

fassung erscheinen sie hier ganz als Naturwesen, aber immer noch nicht als die Göttinnen bestimmter Jahreszeiten.

Dass jedoch auch dies schon in hellenistischer Zeit der Fall war, ist aus dem Festzug des Ptolemaios Philadelphos zu ersehen [1]). Hier traten Eniautos und Penteteris auf und neben diesen: Ὧραι τέσσαρες διεσκευασμέναι καὶ ἑκάστη φέρουσα τοὺς ἰδίους καρπούς. Hier sind die Horen schon nicht mehr in ihrer älteren, mythologischen Bedeutung verwendet, sondern, wie ihre Zahl und Charakteristik deutlich erkennen lässt, als Repräsentanten der Jahreszeiten, als Vertreter gewisser Zeitabschnitte, als welche sie später auch für andere Zeittheile, wie für Lebensalter oder Stunden gebraucht werden. Mythologisch spricht sich diese Auffassung darin aus, wenn spätere Dichter die Horen Töchter des Chronos [2]) oder des Helios und der Selene [3]) nennen und wenn sie bei Ovid als Dienerinnen des Helios [4]) neben dessen Thron auftreten, welchem Phaethon mit seiner vermessenen Bitte naht. Zwar sind sie hier von den daneben beschriebenen Personificationen der Jahreszeiten unterschieden; aber die Umgebung, in welcher sie auftreten: Dies, Mensis, Annus, Saecula lässt deutlich erkennen, wie abstract ihr Wesen hier aufgefasst ist, und es scheint nicht unberechtigt, sie als Vertreter der Stunden zu betrachten [5]).

Dagegen erscheinen in einer künstlerischen Darstellung derselben Scene die Horen als Jahreszeiten charakterisirt, ganz wie Ovid diese schildert. Auf dem zuletzt publicirten Phaethousarkophag der Vigna Pacca [6]) ist, wie auf einigen der früher bekannten, neben der Katastrophe, welche die Mitte einnimmt, an der linken Seite die vorhergehende Scene dar-

---

[1]) Athen. V, p. 198 B.
[2]) Nonnus Dionys. XII, 15, 96.
[3]) Quintus Smyrn. X, 337.
[4]) Metam. II, 25 sqq.; cf. 118 sqq. und Valer. Flaccus Argon. IV, 92.
[5]) Wieseler, Phaethon, S. 37, Anm. 2.
[6]) Annali dell' Inst. 1869, tav. d' agg. F mit dem Text von Wieseler, p. 130 ff.

gestellt: Phaethon, welcher dem Vater seine Bitte vorträgt. Vor dem sitzenden Helios stehen die Sonnenrosse, jedes von einem Diener gehalten, des Befehls gewärtig; an seiner anderen Seite sehen wir vier Gestalten, von denen Wieseler die hinterste als Skopia, die drei vorderen als Heliaden erklärt [1]), welche jedoch deutlich als die Horen der vier Jahreszeiten bezeichnet zu sein scheinen: Frühling, Sommer und Herbst haben je einen Korb mit Blumen oder Früchten neben sich; ausserdem trägt der Frühling noch einen Kranz im Haar, der Sommer hat den Oberkörper entblösst und hält in der Rechten eine Sichel, der Herbst trägt Trauben im Haar; vom Winter ist nur der ganz verhüllte Kopf und Oberkörper sichtbar.

Eine solche Darstellung der Horen als Repräsentanten der Jahreszeiten ist auf römischen Denkmälern [2]) nicht selten; ihr ursprünglicher, mythologischer Charakter ist bei dieser Verwendung, welche, wie wir sahen, schon der alexandrini-

---

[1]) A. a. O. p. 131 f. Die Erklärung der einen Figur als Skopia ist durch eine ähnliche Gestalt des Veroneser Sarkophags (Wieseler, Phaethon, Taf. 2) veranlasst, in welcher Wieseler eine Skopia zu erkennen glaubt; ein seltsames Zusammentreffen ist es, wenn er auf dem Sarkophag Pacca die durch nichts charakterisirten Jünglinge, welche die Rosse des Helios halten: „per stagioni, accennate mediante figure maschili, o aventi lo stesso significato dell' altre femminine, cioè le Ore, e adoperate invece di quest' ultime" zu erklären vorschlägt. Ausserdem möchte ich in der Erklärung dieses Reliefs noch in einem anderen Hauptpunkte von Wieselers Ansicht abweichen, indem ich die am rechten Ende trauernd sitzende Gestalt für Helios halte, welchem die Botschaft vom Tode des Phaethon gebracht wird: derselbe Abschluss der Darstellung, der sich auf den beiden Hippolytossarkophagen findet: Mon. dell' Inst. VIII, tav. XXXVIII, 1 (Hink, Annali 1867, p. 115 sqq.) und Conze, Röm. Bildw. einheim. Fundorts aus Oesterr., Hft. I, 1872, Taf. I, S. 10.

[2]) Diese Monumente sind zuletzt von Petersen, Annali dell' Inst. 1861, p. 299 sqq. behandelt worden; weniger scharf fasst den Unterschied zwischen den älteren Darstellungen der Horen und den späteren, als Jahreszeiten bezeichneten, Michaelis Annali 1863, p. 294 sqq.

schen Zeit angehört, zwar einer späteren, mehr begrifflichen
Auffassung gewichen, aber immerhin ist ihre Persönlichkeit
noch gewahrt: es sind noch mythologische Wesen, welche als
Repräsentanten der Jahreszeiten erscheinen. Specifisch römisch
dagegen ist eine andere Darstellung derselben, welche zu diesem Zweck nicht mehr die Horen, sondern beliebige andere
Gestalten verwendet, denen ein ursprünglich mythologischer
Charakter keineswegs zukommt. Die römische Kunst hat
als wesentlich zur Bezeichnung der Jahreszeiten nur die
Attribute, welche früher den Horen in diesem Sinne gegeben
wurden, festgehalten, als Träger derselben aber erscheinen an Stelle dieser Göttinnen bald Kinder, bald Jünglinge oder geflügelte „Genien“ oder sogar Kentauren: Gestalten, welche ihrem Ursprung nach kaum auf anderer Stufe
stehen, als etwa unsere modernen Darstellungen der Tages-
zeiten und die wir gradezu als Allegorien werden bezeichnen
müssen.

Auch die Verwendung dieser römischen Darstellungen
der Jahreszeiten zeigt, dass ihnen nicht eine mythologische
Vorstellung, sondern ein abstracter Gedanke zu Grunde liegt:
sie werden gebraucht, um den Begriff der Zeit auszudrücken.
So erscheinen sie häufig auf Kaisermünzen mit der Aufschrift
temporum felicitas [1]) und ebenso an den Triumphbögen des

---

[1]) Auf einem Bronzemedaillon Hadrians in Wien: Cohen, Adr.
555; einem des Annius Verus und Commodus: Cohen, 1 (abgebildet
Cohen, tome II, pl. 19 und Rom. Medallions in the Brit. Mus.
pl. XXVII, fig. 1); des Commodus: Cohen 426 (abgeb. Millin, Gal.
myth., pl. XXVIII, 91) und den Bronzemünzen desselben Kaisers:
Cohen 756 ff.; auf einem Bronzemedaillon des Commodus und der
Marcia: Cohen 7. Auf einem anderen des Marc Aurel mit dieser Auf-
schrift ist Hercules mit Keule und tropaeum auf einem Wagen dargestellt,
welchen vier Kentauren mit den Abzeichen der Jahreszeiten ziehen
(Cohen, Marc Aur. 380; abgeb. t. II, pl. 15 und Rom. Med. in the
Brit. Mus., pl. XVIII, fig. 2). Später erscheinen die Jahreszeiten als
Kinder mit der Aufschrift felicia tempora: Cohen, Geta 13; Cara-
calla 35 (abgeb. t. III, pl. 12); Probus 241 (abgeb. t. V, pl. 8);
Diocletian 148 (abgeb. t. V, pl. 11); Constantin 49; Licinius fils 2;

Trajan in Benevent [1]), des Septimius Severus und des Constantin [2]), um die Zeit der Regierung dieser Kaiser als eine glückliche und ergiebige zu versinnbildlichen. Denselben Gedanken spricht Claudian aus, wenn er zu Ehren des Consulats des Probinus und Olybrius das Jahr, welches durch ihren Namen verherrlicht werden soll, durch Anrufung der Jahreszeiten preist [3]):

> o consanguineis felix auctoribus anne,
> incipe quadrifidum Phoebi torquere laborem.
> prima tibi procedat hiems, non frigore torpens,
> non canas vestita nives, non aspera ventis,
> sed tepido calefacta Noto: ver inde serenum
> protinus, et liquidi clementior aura Favoni
> pratis te croceis pingat: te messibus aestas
> induat; auctumnusque madentibus ambiat uvis.
> — — — te cuncta loquetur
> Tellus, te variis scribent in floribus Horae.

In demselben Sinne führt an einer anderen Stelle [4]) Claudian die Zeichen des Zodiacus auf, welche die Zeit des Consulats des Stilicho zu einer glücklichen machen sollen; oder er ruft, um den Kreislauf eines Jahres zusammenzufassen, Sol an [5]), der in gleicher Weise auch auf Münzen [6]) und anderen Denkmälern erscheint. Ueberall soll hier der abstracte Be-

---

und mit der Aufschrift sacculi felicitas: Cohen: Trebonianus Gallus 80 (abgeb. t. IV, pl. 13); Carus und Carinus (abgeb. t. V, pl. 9).

[1]) Dessen Publication bei Rossini, Archi trionf., mir leider nicht zugänglich gewesen ist.

[2]) Bellori, Vet. arc. August., tabb. 14 u. 23.

[3]) Carm. I, 267 sqq.

[4]) Carm. XXII de laud. Stilich. II, 458.

[5]) Carm. I, 1; XXII, 422.

[6]) Bronzemedaillon des Antoninus Pius: Cohen 414 (Rom. Med. in the Brit. Mus., pl. IX, fig. 1); des Commodus: Cohen 347 und häufig auf Münzen des Caracalla: Cohen 180, 208, 232, 460 ff., 483, 490, auf welchen in demselben Sinne auch Luna häufig erscheint: Cohen 2 (abgeb. t. III, pl. 12), 182, 213, 233, 459, 488 f. Ueber die andern Denkmäler kann auf Jahn, Arch. Beitr., S. 88 ff. verwiesen werden.

griff der Zeit angedeutet werden, zu dessen Ausdruck die römischen Dichter und Künstler sich der conventionellen mythologischen Gestalten bedienen, ebenso wie die Darstellung der
gelagerten Tellus mit der Himmelskugel, über welche die
Horen der vier Jahreszeiten einherschreiten, auf Kaisermünzen [1]) als typischer Ausdruck für den Gedanken gebraucht
wird, dass unter der Herrschaft der römischen Kaiser der
ganze Erdraum sich geregelter Zeiten und fruchtbaren Gedeihens zu erfreuen habe.

Eine noch ausgeführtere Zeitallegorie enthält ein öfters
besprochenes Bronzemedaillon des Commodus [2]), zu dessen
Erläuterung eine Stelle Claudians am besten beitragen kann.
Wir finden auf demselben einen Gott mit dem Masstab,
wie ihn die Zeitgötter führen, in der Hand; mit der Rechten
berührt er einen Kreis, aus dem vier Mädchengestalten mit
den Abzeichen der Jahreszeiten heraustreten, während ihnen
von der anderen Seite ein Knabe mit einem Füllhorn ent

---

[1]) Mit der Aufschrift tellus stabil. Bronzemedaillon Hadrians:
Cohen 554; des Commodus: Cohen 421 ff. (abgeb. tav. III, pl. 2;
Müller-Wieseler, Denkm. II, Taf. 62, 796; die Gemme, welche
dabei unter Nr. 797 abgebildet ist, hat ganz den Anschein einer missverstandenen modernen Nachbildung dieses Typus); Tellus mit den vier
Jahreszeiten ohne diese Aufschrift auf einem Bronzemedaillon des Antoninus
Pius: Cohen 442; Rom. med. in the Brit. Mus., pl. XI, fig. 2. Ebenso
erscheint auf dem Silberschild des Theodosius in Madrid (Arch. Zeitg.
1860, Taf. 136, 5) unter der Darstellung des Kaisers Tellus mit ihren
Kindern, die hier aber nicht als bestimmte Jahreszeiten charakterisirt
sind; zusammengefasst enthält alle Elemente dieser Allegorien eine Gemme
spätester Zeit (Millin, Gal. myth., pl. 172 bis 684), welche auf einer
Seite die Apotheose eines Kaisers zwischen Mars und Hercules zeigt,
darunter Neptun, auf der anderen Tellus mit den vier Jahreszeiten, und
über ihr Sol auf dem Viergespann, beide Seiten umgeben von den Zeichen
des Thierkreises. Aehnlich, aber ohne Beziehung auf einen bestimmten
Kaiser, ist die Darstellung des bekannten Mosaiks der Münchener Vasensammlung (jetzt in der Archäol. Zeitg., 1877, Taf. 3 publicirt).

[2]) Cohen, Comm. 392; Wieseler, Archaeol. Zeitg. 1861,
S. 137 ff. u. Taf. 147, Nr. 6—8.

gegenkommt, in welchem Wieseler den Repräsentanten des
novus annus erkannt hat. Diese Darstellung, welche auf
einem Medaillon mit dem vierten Consulat des Commodus
erscheint, ist offenbar bestimmt, das Jahr dieses Consulats
zu verherrlichen; eine ganz ähnliche Allegorie wendet zu
demselben Zweck Claudian an, wo er das Consulat des Stilicho
feiern will (Carm. XXII, 422 sqq.). Er führt zu Ehren seines
Helden den Sonnengott ein: Sol ipse — dignum tibi praeparat
annum; der Gott geht zu der „Höhle der Zeit", welche
„Natura" ihm öffnet und nimmt aus der Reihe der ehernen,
silbernen und goldenen Zeiten, welche dort aufgespeichert
sind, das schönste Jahr heraus, das den Namen des Stilicho
tragen soll. Aehnlich sehen wir auf jener Münze das Jahr
des Consulats durch das Füllhorn als ein glückliches bezeichnet
und gesondert dargestellt gegenüber den Horen, welche den
gewöhnlichen Lauf der Zeiten repräsentiren; den Kreis, aus
welchem diese hervorkommen, werden wir nicht abstract als
„Jahreskreis" aufzufassen haben, sondern als eine Andeutung
ihres Aufenthalts, wie Claudian sagt:

> immensi spelunca aevi, quae tempora vasto
> suppeditat revocatque sinu.

Der Gott, welcher vor dieser Höhle steht, erscheint auf
den drei von Wieseler publicirten Exemplaren in dreierlei
Gestalt: bärtig als „Jupiter", wie er auch sonst öfters bezeichnet worden ist, unbärtig und als Janus. Von diesen verschiedenen Darstellungsweisen beruht die erste auf einer
älteren Abbildung von Gori, die letzte nur auf einem einzigen
Exemplar in Arolsen, während diejenigen Exemplare, welche
ich bisher sicher habe constatiren können [1]), übereinstimmend

---

[1]) Herrn Dr. Imhoof-Blumer verdanke ich den Abguss eines
sehr gut erhaltenen Exemplars seiner Sammlung; ein anderes ist in der
zuverlässigen Publication der Rom. Med. in the Brit. Mus., pl. XXX,
fig. 2 veröffentlicht; über die beiden von Cohen beschriebenen Pariser
Exemplare, welche in den Mionnet'schen Abdrücken verbreitet sind, er-

jene Figur unbärtig darstellen; es ist daher sehr wahrscheinlich, dass diese auffallenden Abweichungen nur auf Versehen,
wie sie bei weniger gut erhaltenen Münzen leicht erklärlich
sind [1]), oder auf Interpolationen [2]) zurückgehen. Dann haben
wir hier überall, wie bei Claudian, Sol zu erkennen, welcher
an der gleichen Stelle auch auf einem Goldmedaillon des Probus, das dieselbe Darstellung enthält [3]), auftritt; der Sonnengott erscheint hier als „immensi reparator maximus aevi",
welcher durch die geregelte Folge der Horen den steten Gang
der Zeit herbeiführt.

Wenn wir uns hier, bei den Horen, welche in diesen
römischen Allegorieen als Repräsentanten der Jahreszeiten erscheinen, um in ihrer Gesammtheit den Kreislauf eines Jahres
oder den abstracten Begriff der Zeit im Allgemeinen auszudrücken, der älteren, griechischen Darstellung der Horen wie-

fahre ich durch die Güte des Herrn Hofrath Dr. Pertsch in Gotha,
dass sie die fragliche Gestalt ebenfalls deutlich unbärtig zeigen.

[1]) Bei Eckhel (Doctr. num. VII, p. 113), der hier von Juppiter
spricht, ist ein solches Versehen schon deshalb anzunehmen, weil er in
der Zahl der Horen zwischen drei und fünf schwankt und das Attribut
des Knaben als „ramum aut florem aut cornucopiae" bezeichnet, während
jene doch gewiss immer nur vier betragen und dies gewiss immer nur
ein Füllhorn sein kann. Cohen und Grueber (Rom. Med. in the
Brit. Mus., p. 24, Nr. 15) nennen diese Gestalt Jupiter, obwohl sie auf
dem Pariser und dem Londoner Exemplar unbärtig erscheint; das gleiche
Versehen ist daher auch in der Angabe Cavedoni's (Bullet. Nap. N.
S. VI, 1858, p. 42) „figura barbata seminuda" höchst wahrscheinlich.

[2]) Auf einem der Pariser Exemplare hält der Gott nach Cohen's
Angabe „un foudre"; in der Hand einer unbärtigen Gestalt muss dieser
Blitz, wie ihn auch der Abdruck in der That erkennen lässt, so auffallend erscheinen, dass sich hier der Verdacht einer Grabstichel-Inter-
polation aufdrängte. Eine Untersuchung des Mionnet'schen Abgusses
in Berlin, welche Herr Dr. von Sallet mir freundlichst mittheilte, hat
diesen Verdacht vollkommen bestätigt: es ist eine überarbeitete Münze.
Das Gleiche ist von dem Arolsener Exemplar um so wahrscheinlicher, je
näher hier der Gedanke an Janus zu liegen scheint, der in ähnlicher
Function auch bei Claud. XXVIII, 640 sq. und Statius, Silv. IV, 1,
11 sqq auftritt

[3]) Cohen, Probus 4 f. (abgeb. tome V, pl. 8).

der erinnern, wie sie Phidias neben den Chariten über dem
Haupte seines Zeus in Olympia angebracht hatte, um den
ethischen und religiösen Gedanken einer durch göttliche
Mächte geregelten Weltordnung auszudrücken, so wird die
Wandlung, welche die Auffassung dieser Wesen bis zur römischen Zeit durchgemacht hat, und der Unterschied dieser
römischen Vorstellung von d e r der griechischen Mythologie
einer weiteren Ausführung nicht mehr bedürfen.

Aehnliches zeigt sich bei der Verwendung der Parzen,
welche von den römischen Dichtern und Künstlern häufig mit
bestimmten Momenten des menschlichen Lebens in eine Verbindung gebracht werden, die von der ursprünglich zu Grunde
liegenden Anschauung sehr verschieden ist. Wie die griechischen Moiren — mit welchen sie zwar nicht eigentlich
identisch sind, denen sie aber allmählich ganz gleichgestellt
wurden — so sind auch die römischen Parzen aus einer
ursprünglich wirklich religiösen Vorstellung hervorgegangen [1]).
Von einer solchen lässt jedoch ihre Verwendung bei den römischen Dichtern und Künstlern nur noch wenig erkennen; hier
soll vielmehr nur einem Ereigniss in dem privaten Leben des
Einzelnen oder in dem Dasein eines ganzen Volkes eine besondere Bedeutung dadurch gegeben werden, dass es als unter
dem speciellen Einfluss der Schicksalsmächte sich vollziehend
dargestellt wird.

Der gewöhnliche Ausdruck dafür besteht in der römischen Poesie darin, dass die Parzen durch einen eigenen Beschluss oder durch Aufzeichnung von Jupiters Willen eine
bestimmte Wendung des Schicksals herbeiführen, oder dass

---

[1]) Die griechische Vorstellung von den Moiren ist Gegenstand eines
der neuen Aufsätze von L e h r s (Populäre Aufs., 2. Aufl., S. 201—231);
über die römischen Parzen, besonders ihr Vorkommen bei den Dichtern
hat eingehend gehandelt K l a u s e n (Zeitschrift für die Alterthums-
wissenschaft 1840, S. 217—256).

sie an einen besonders wichtigen Moment den Faden anknüpfen, mit welchem sie den Menschen die Geschicke zu-
spinnen. Besonders dies letztere Motiv, das bei den griechischen Dichtern (die κλῶθες schon bei Homer, η. 197) auf
einer poetischen Metapher beruht, gewinnt in der römischen
Anschauungsweise eine Art dogmatischer Geltung, so dass
wesentlich aus ihm heraus die Charakteristik der Parzen bei
den Dichtern und Künstlern entwickelt wird. So bildet sich
hier die typische Vorstellung von den Parzen mit Spindel und
Schriftrolle und anderen symbolischen Attributen, welche in
der Verwendung bei den römischen Dichtern an Stelle ihrer
ursprünglichen religiösen Bedeutung ganz den Charakter einer
abstracten Schicksalsallegorie annimmt, während die entsprechende griechische Anschauung in den Moiren nur den
auf wirklich lebendigem Glauben beruhenden Gedanken einer
göttlichen Macht erkennt, welche die Geschicke der Menschen
leitet und der selbst der Wille der Götter nach unabänder-
licher Nothwendigkeit unterworfen ist.

In den historischen Gedichten Claudians ist diese Ver-
wendung der Parzen nicht selten; sie zeichnen die Befehle
Jupiters auf, der der klagenden Africa Befreiung von ihrem
Joch verheisst [1]:

voces adamante notabat
Atropos, et Lachesis jungebat stamina dictis.

Unter Stilicho webt Lachesis der Roma goldene Geschicke [2]) und nie wird sie ihren Untergang herbeiführen [3]).
In dem Gedicht gegen Eutropius verkündet sie der Cybele
den Untergang Phrygiens [4]) und führen die Parzen den Tod des
Leo herbei; in anderen ist ihre Erwähnung allgemeiner gehalten [5]).

---

[1]) Carm. XV de bello Gild. 202 sq.
[2]) Carm. XXII, 335. Die Einführung der Lachesis ist hier, wie an
einigen anderen Stellen, nur durch eine Art Wortspiel vermittelt.
[3]) Carm. XXVI, 54 sqq.
[4]) Carm. XX, 288 u. 461.
[5]) Carm. III in Ruf. I, 157 u. 177; Carm. XV, 121; XLIX, 87
u. 93 etc.

Aehnlich lässt Sidonius in dem Epithalamium des
Polemius und der Araneola am Schluss [1]) die Parzen an den
festlichen Tag, den er besingt, ihre Fäden anknüpfen:

> probat Atropos omen,
> fulvaque concordes junxerunt fila sorores.

Auch in dem Gedicht, welches diesem zur Einleitung
dient, zieht Sidonius eine der Parzen herbei [2]):

> prosper connubio dies coruscat
> quem Clotho niveis benigna pensis . . . signet,

ebenso wie sie in dem Epithalamium des Statius [3]), welches
ihm hier zum Vorbild gedient haben mag, eingeführt werden, um den Hochzeittag des Stella und der Violantilla zu
bezeichnen:

> ergo dies aderat Parcarum conditus albo vellere.

Bei dieser Anrufung der Parzen zum Hochzeittage liesse
sich noch am ersten eine Erinnerung an ihre ursprüngliche
mythologische Bedeutung erkennen, wie wenig aber davon bei
den späteren Dichtern anzunehmen ist, zeigt an anderen Stellen
ihre Verwendung in dem ganz allgemeinen und abstracten
Sinn einer allegorischen Schicksalspersonification. So kommen
sie auch bei Sidonius in den historischen Gedichten vor: in
dem Panegyricus des Majorian [4]), wo Roma der trauernden
und klagenden Africa Rettung durch diesen Kaiser verheisst,
spinnen die Parzen diesem Beschluss günstige Fäden und
ebenso treten sie am Schluss des Panegyricus des Avitus [5])
auf:

---

[1]) Carm. XV, 200 sq.
[2]) Carm. XIV, 1 sqq.
[3]) Silv. I, 2, 24 sq.
[4]) Carm. V, 369. Die Worte sind hier fast die gleichen wie
XV, 201; Sid. schreibt hier sich selbst ebenso aus, wie sonst Andere;
vgl. auch V, 312 sq.
[5]) Carm. VII, 600 sqq.

felix tempus nevere sorores
imperiis Auguste tuis et consulis anno
fulva volubilibus duxerunt saecula pensis.

Diese Uebersicht über die Verwendung der Parzen bei
Claudian und Sidonius kann uns zur Grundlage dienen für die
Auffassung ihrer Darstellungen auf den Monumenten, welche
sämmtlich der späteren römischen Zeit angehören: nur damit
nicht etwa eine derartige Verknüpfung des Waltens der
Schicksalsmächte mit bestimmten historischen Momenten oder
mit Ereignissen des Privatlebens auf diese späteren, vielfach
so unmittelbar von einander abhängigen Dichter beschränkt
erscheine, sei hier noch an den Schluss von Ovid's Metamor-
phosen [1]) erinnert, wo Jupiter die klagende Venus auf den
Beschluss der Parzen verweist, in deren Haus auf ehernen,
unvergänglichen Tafeln die Geschicke ihres Geschlechts,
die künftige Grösse Roms und die Thaten des Augustus
verzeichnet stehen.

Auf römischen Kunstwerken ist die nicht grade allzu-
häufige Darstellung der Parzen [2]) zunächst mit den drei Haupt-
momenten des Lebens verknüpft worden: mit der Geburt,
der Hochzeit und dem Tode. Es liegt der Gedanke zu Grunde,
dass das menschliche Dasein in seinem ganzen Verlauf durch
das Walten der Schicksalsmächte bedingt und geleitet wird;
diese Wirksamkeit beginnt mit dem Augenblick der Geburt,
und so erscheinen die Parzen auf einer Reihe römischer Sarkophage, welche in übrigens ganz realistischer Weise die
Geburt und Erziehung eines Kindes darstellen [3]). Einen
Wendepunkt in dem äusseren Schicksal des Lebens bezeichnet

---

[1]) Met. XV, 781 u. 807 sqq. Ueber das Vorkommen der Parzen
bei den anderen römischen Dichtern ist von Klausen a. a. O. das
Material sehr vollständig gesammelt.

[2]) Vgl. Welcker, Zeitschrift für die alte Kunst, S. 197 ff. Jahn,
Arch. Beiträge, S. 170 und Nachträge dazu, S. 450.

[3]) Zusammengestellt von Jahn a. a. O.; vgl. auch Rossbach,
Röm. Hochzeits- und Ehedenkmäler, S. 129 ff.

sodann der Eintritt in die Ehe; in diesem Moment, der die
Geschicke zweier Menschen vereinigt und die Aussicht auf
die Geburt anderer eröffnet, die wiederum dem Walten der
Schicksalschwestern unterliegen werden, greift daher auch die
Thätigkeit derselben von neuem ein, und so finden wir auf dem
Deckel eines römischen Hochzeitsarkophags [1]) neben den anderen
Gottheiten, welche nach römischer Vorstellung die Welt regieren,
auch die Parzen dargestellt.

In diesen beiden Fällen liegt es nahe, an die alte mythologische Bedeutung der Parzen als römische Geburtsgöttinnen [2]) zu denken; auch in den vorher erwähnten Epithalamien wurden sie angerufen und ebenso werden sie von
Catull [3]) bei der Hochzeit der Thetis eingeführt, wo sie
den Sohn, der aus der Ehe der Göttin hervorgehen soll, prophetisch besingen. Aber wenn auch der Verwendung der
Parzen in diesem Sinne ursprünglich eine wirklich religiöse
Vorstellung zu Grunde gelegen hat, so ist davon auf jenen späten
Monumenten, wo sie in wechselnder Zahl und mit verschiedenen, aus allegorisirender Abstraction hervorgegangenen Attri-

---

1) Mon. dell' Inst. IV, 9 und Brunn, Annali 1845, p. 186 sqq.;
auch besprochen von Rossbach a. a. O., S. 105 ff., der aber die Darstellung der Parzen auf dem Deckel dieses Sarkophags (S. 117) für eine
„Interpolation" erklärt; es beruht das auf der Vorstellung von einem
„Archetypon", welche in übertriebener Weise von den mehr oder weniger
mechanisch copirten Handschriften auf diese Producte einer, wenn auch
untergeordneten, so doch immer freieren Kunstthätigkeit übertragen worden ist und die Sarkophaginterpretation vielfach beeinflusst (vgl. bes.
S. 54. 58. 81 u. a.). In unserem Fall hat diese Vorstellung dazu geführt, einen speciellen Bezug der Parzen auf die Hochzeitdarstellung
dieses Sarkophags abzuweisen, welcher grade hier durch die überein-
stimmende Verwendung dieser Wesen bei den römischen Dichtern und
Künstlern besonders deutlich hervortritt. Dass die Parzen bei diesen
Darstellungen nicht häufiger erscheinen, erklärt sich vielleicht daraus,
dass nur bei wenigen Hochzeitsarkophagen die Deckel erhalten sind,
auf welchem hier diese Darstellung sich findet.

2) Vgl. Preller, Röm. Mythol. (2. Aufl.), S. 564.

3) Carm. LXIV, 305 sqq.

buten auftreten, doch nur sehr wenig mehr zu erkennen; sie
erscheinen hier nur mehr als der conventionelle Ausdruck einer
das menschliche Leben regelnden Schicksalsmacht.

Es ist natürlich, dass sie zum vollen Ausdruck dieses
Gedankens auch mit der Darstellung des Todes in Beziehung
gesetzt werden; so sehen wir sie auf dem Deckel eines Capi-
tolinischen Sarkophags [1]), welcher in der Mitte die thronen-
den Unterweltsgötter zeigt, an der einen Seite ein Ehepaar,
das engverbunden auf einer Kline sitzt, während auf der
anderen Seite das unerbittliche Geschick sie trennt. Hier
stehen die Parzen, zu ihren Seiten knieen händeringend die
beiden Gatten, um das drohende Schicksal abzuwenden; aber
vergeblich: in den mittleren Abtheilungen erblicken wir
Hermes Psychopompos und einen Schatten, den er entführt;
ebenso kommen die Parzen auch auf der Darstellung eines
Grabes vor [2]).

Von der nämlichen, specifisch römischen Vorstellungs-
weise ausgehend aber setzen die Dichter und Künstler nun
auch mit mythologischen Vorgängen von besonders weit-
tragender oder verhängnissvoller Bedeutung die Parzen in
eine Verbindung, welche nicht eigentlich durch die Thätigkeit
der Moiren in dem betreffenden griechischen Mythos motivirt
erscheint, dagegen durch jene bisher betrachtete specifisch
römische Auffassung und Verwendung der Parzen ihre beste
Erklärung findet. So sind sie bei der Erschaffung des Menschen durch Prometheus [3]) gegenwärtig. Bei diesen Darstellungen — welche überhaupt weniger als die Wiedergabe
eines bestimmten mythologischen Vorgangs erscheinen, sondern

---

[1]) Müller-Wieseler, Denkm. II, Taf. LXVIII, Nr. 858. Eine
andere Darstellung dieser Art: Millin, Gal. myth., pl. LXXXVI,
Nr. 346* möchte ich nicht, ohne das Original gesehen zu haben, hier
anführen.

[2]) Mon. dell' Inst. V, 8; Brunn, Annali 1849, p. 382; Benn-
dorf-Schöne, Katalog des Lateran, Nr. 344.

[3]) Jahn, Archäol. Beiträge, S. 169 ff.

vielmehr als der Ausdruck eines aus philosophischer Reflexion
hervorgegangenen Gedankens mit Benutzung mythologischer
Elemente, aber unter dem Einfluss später, zum Theil sogar
christlicher Vorstellungen — werden wir auch in den Schick-
salsgottheiten nicht die Moiren der griechischen Mythologie
zu erkennen haben, sondern den römischen Begriff der Parzen;
dies ist der Moment, an welchen der Beginn ihrer Wirksamkeit anknüpft: die Geburtstunde ˌ des ganzen Menschen-
geschlechts, dessen Schicksale sie mit ihrem Faden regieren
werden.

Wir werden hier wieder an die ursprüngliche Bedeutung der Parzen als Geburtsgöttinnen erinnert und dasselbe
ist der Fall, wenn sie auf einem andern römischen Werk
mit der Geburt der Minerva verbunden sind [1]). Bei den
griechischen Darstellungen dieses Inhalts sind in der Regel
die Eileithyien anwesend, in ihrer eigentlichen, mythologisch begründeten Thätigkeit, als Helferinnen der Geburt;
hier erscheinen an ihrer Stelle diese römischen Wesen,
nicht in einer unmittelbar vom Mythos gegebenen Function, sondern um das Bedeutungsvolle dieses Vorgangs für
die Geschicke der Götter- und Menschenwelt in einer der
römischen Vorstellung entsprechenden Weise auszudrücken.
Dies römische Werk verhält sich zu seinen griechischen

---

[1]) Dies ist mir bisher nur durch eine kurze Notiz der Archäol.
Zeitung 1876, S. 174 bekannt geworden, in der von einem in dem
Musco español de antiguedades veröffentlichten „Puteal von italischer
Herkunft mit Relieffiguren" die Rede ist: Hephaestos, Zeus sitzend, Nike,
Athena, drei Moiren, wie auf dem Tegeler Relief. Für dies letztere,
ehemals vielgerühmte Werk (Müller-Wieseler, Denkm. II, Taf.
LXXII, Nr. 922) finde ich in dieser Uebersicht kaum eine passende
Stelle; in seiner jetzigen, etwas fragwürdigen Gestalt würde es (ausser
der kleinen Terracottagruppe Bullet. Napol. 1857 Nuova Serie, vol. V,
tav. VI) die einzige Darstellung sein, welche die Parzen allein, um
ihrer selbst willen enthält. Aehnlich wird ein Marmorrelief in Peters-
burg beschrieben (Guédéonoff, Sculpt. ant. de l'Eremitage Imp. 329),
welches nach Stephani (Compte rendu 1869, S. 163, Anm. 2) „ohne
Zweifel auf dasselbe Original zurückzuführen ist."

Vorbildern ganz ähnlich, wie etwa Catulls Gedicht auf die
Hochzeit des Peleus und der Thetis (Carm. LXIV) zu der
Auffassung desselben Mythos in der griechischen Poesie,
z. B. in dem berühmten Euripideischen Chor (Iphig. Aul.
1036 ff.). Während der römische Dichter, um die ganze Bedeutung dieses Momentes im Zusammenhang der Sagen zum
Ausdruck zu bringen, die Parzen einführt, welche die Fäden der
hieran sich knüpfenden Geschicke spinnen und mit prophe-
tischem Gesang begleiten, finden wir in der griechischen
Schilderung eine lebendige Fülle vom Mythos gegebener Gestalten, durch welche der Eindruck der folgenschweren Bedeutung dieses Vorgangs unmittelbarer und anschaulicher
vermittelt wird, als durch den symbolischen Schicksalsapparat,
den das römische Gedicht zu diesem Zweck aufbietet.

Wie diese mythologischen Darstellungen sich an jene
aus dem menschlichen Leben anschliessen, welche die Parzen
mit der Geburt verbunden zeigten, so finden wir in einigen
andern Fällen auch bei der Darstellung des Todes in mythologischen Scenen die Parzen gegenwärtig. Auf dem schon
oben bei Gelegenheit der Horen erwähnten Phaethonsarkophag
der Vigna Pacca [1]) ist in der Mitte der Sturz des Phaethon
dargestellt: aus dem in Verwirrung gerathenen Gespann sinkt
der Jüngling getödtet herab; zur Seite sitzt eine weibliche
Gestalt, welche durch die aufgeschlagene Rolle in den Händen
als Parze bezeichnet ist. Sie repräsentirt hier das Geschick
des Todes, das in der Schicksalsrolle, welche sie hält, unab-
änderlich aufgezeichnet stand als Ausgang des Unternehmens,
das Phaethon in jugendlicher Ueberhebung gewagt hat. An
eine Begründung dieser Anwesenheit der Schicksalsgöttin aus
dem griechischen Mythos werden wir hier kaum zu denken
brauchen; auch können einige Stellen des Nonnos, welche
Wieseler [2]) hier anführt, als eine solche um so weniger gelten,
als gerade bei diesem späten Dichter die Erwähnung der

---

[1]) Annali dell' Inst. 1869, tav. d'agg. F.
[2]) Ibid. p. 138.

Moiren, nicht mehr in dem älteren Sinn der griechischen
Mythologie, sondern in ihrer späteren, abstracten Auffassung
als allgemeine Repräsentanten der Schicksalsmacht, sehr gewöhnlich ist [1]), ebenso wie es für einen andern griechischen
Dichter spätrömischer Zeit Köchly nachgewiesen hat [2]).

In ähnlichem Sinne wie neben Phaethon sind bei der
Darstellung des Lykurg [3]), der zur Strafe seiner Gewaltthat
gegen Dionysos von dem Gotte in Raserei versetzt wird, auf
einem römischen Sarkophag die Parzen gegenwärtig; auch hier
vollzieht sich ein Schicksalsschluss, nach welchem die Auf-
lehnung gegen den Gott das Verderben des Frevlers herbeiführt: wir sehen, wie Lykurg in wahnsinniger Verblendung
sein Weib erschlägt, und die Anwesenheit der Parzen eröffnet
die Aussicht auf seinen eigenen Tod. Das Eingreifen der
Schicksalsgöttinnen ist hier mythologisch ebenso wenig motivirt als bei der vorigen Darstellung und ihre Verbindung
mit diesem Vorgang ist noch abstracter zu fassen als dort;
ausserdem ist derselbe Gedanke hier noch durch eine andere
Gestalt weiter ausgeführt; während von der einen Seite eine
Erinys mit Geissel und Fackel den Rasenden zu blinder Wuth
antreibt, steht an seiner anderen Seite eine Gestalt mit dem
blossen Schwert im Arm, die einen Stab über sein Haupt
hält, um ihn als der Strafe verfallen zu bezeichnen: Dike,
wie sie ganz ähnlich auch auf einem Meleagersarkophag [4]) erscheint.

Auf einem anderen Sarkophag sind die Parzen mit der

---

[1]) Vgl. Lehrs, Popul. Aufs., 2. Aufl., S. 229 Anm.

[2]) Für Quintus Smyrnaeus, Prolegomena, p. Vsqq.

[3]) Zoega, Abhandlungen, Taf. I. 1; Müller-Wieseler, Denkm.
II, Taf. XXXVII, Nr. 441.

[4]) Zoega, Bassiril. I, tav. 46; er benennt (ibid. p. 221) diese Gestalt „Ananke“, eine Bezeichnung, die auch inhaltlich in jenem Fall
weniger gut zu passen scheint, während hier für Dike noch besonders
der Stab spricht, den sie über das Haupt des Schuldigen hält. (Paus.
V, 18, 2; Euripid. Hippol. 1171 sq.)

Darstellung des Todes der Alkestis [1]) verbunden: als Bringer
des Todesgeschickes sind sie hier hinter dem Cerberus dargestellt, also in der Unterwelt zu denken; ähnlich werden sie
auch von Claudian [2]) in der Unterwelt vorgeführt und dort
der Proserpina als Dienerinnen zugetheilt. Auch hier werden
wir zur Erklärung ihrer Darstellung nicht auf den griechischen
Mythos zurückgreifen; allerdings spielen in diesem die Moiren
eine gewisse Rolle [3]), diese stimmt aber keineswegs mit ihrer
Erscheinung im Augenblick des Todes der Alkestis auf jenem
Relief überein. Nach den bisherigen Beispielen von der Verbindung der Parzen mit bestimmten Momenten des menschlichen Lebens und der Mythologie auf römischen Kunstwerken
werden wir vielmehr auch hier nur jene spätere, allgemeine
Vorstellung von der über Leben und Tod waltenden Macht
der Schicksalswesen erkennen und speciell an jene Sarkophag-
darstellung erinnert werden, welche die Parzen zwischen einem
durch den Tod getrennten Ehepaar zeigt; wir sahen hier,
dass in dieser Denkmälerklasse die Parzen von den Künstlern
auch ohne jede mythologische Motivirung, zum Ausdruck
eines ihnen eigenthümlichen Gedankens eingeführt werden.
Wie äusserlich und abstract die Verbindung der Parzen mit
dieser mythologischen Scene in späterer römischer Zeit aufzufassen ist, lässt deutlich eine Stelle des Sidonius [4]) erkennen,
an der er ein Gewebe mit einer angeblichen Darstellung desselben Inhalts schildert:

> hic vovet Alcesto praelato conjuge vitam
> rumpere, quam cernas Parcarum vellere in ipso
> nondum pernetam, fato praestante salutem.

Eine Erinnerung an ein bestimmtes Kunstwerk ist hier
kaum anzunehmen, die Uebereinstimmung hinsichtlich der

---

[1]) Gerhard, Antike Bildw., Taf. 28.
[2]) Carm. XXXIII de raptu Proserp. I, 48 sqq.; II, 305.
[3]) Apollod. I, 9, 15. Eurip. Alk. 12, 32 sqq.
[4]) Carm. XV, 165 sqq.

Einführung der Parzen beruht vielmehr gewiss nur auf der dem römischen Dichter und den Künstlern gemeinsamen Vorstellung von dem Walten der Schicksalsmächte, die nicht mehr in der Ueberlieferung des griechischen Mythos, sondern in einem späteren, römischen Gedanken begründet ist.

Dasselbe gilt auch von einem anderen Ausdruck dieser römischen Schicksalsidee, der auf einigen Sarkophagen mit dem Tode des Meleager [1]) vorkommt. Hier erscheint eine Gestalt, welche durch das Attribut des Rades, auf welches sie den einen Fuss setzt, in der Weise der Nemesis charakterisirt ist; nach der Darstellung eines sehr bekannten römischen Altars [2]), in welcher die Benennung dieser Gestalt als „Fatum" inschriftlich gesichert ist, werden wir dieselbe auch hier mit diesem römischen Ausdruck bezeichnen dürfen. Jahn nannte sie „die Moira", aber jene Charakteristik lässt hier nicht mehr an die griechische Moira denken, an welche schon Phrynichos [3]) das Schicksal des Meleager geknüpft hatte; wir haben hier nicht mehr eine vom Mythos gegebene und durch lebendige Handlung mit demselben verbundene Gestalt zu erkennen, sondern ein Wesen, das durch seine blosse Anwesenheit nach römischer Vorstellung das Verhängnissvolle dieses Moments andeuten soll: eins der Elemente, welche die römische Auffassung auch in die Darstellung griechischer Mythen eingemischt hat, ebenso wie es innerhalb desselben Darstellungskreises ausserdem noch bei der Einführung der Virtus auf den Meleagersarkophagen der Fall ist.

Es ist interessant und lehrreich, diesen römischen Werken eine griechische Darstellung des Todes des Meleager gegenüberzustellen, welche auf einer berühmten Neapler Vase

---

[1]) Clarac II, pl. 201. 208; Millin, Gal. myth., pl. CIV, 415; Zoega, Bassir. I, tav. 46; Jahn, Cod. Pighian., Ber. der sächs. Ges. d. Wissensch. 1868, S. 226, Nr. 219.

[2]) Zoega, Bassir. I, tav. 15; Müller-Wieseler, Denkm. II, Taf. LXXIII, Nr. 941.

[3]) Paus. X, 31, 4; cf. Apollod. I, 8, 2.

des Mus. Santangelo [1]) erhalten ist und die bei einer Scene von wesentlich gleichem Inhalt eine von jenen römischen Darstellungen durchaus verschiedene Auffassung erkennen lässt. Hier finden wir eine Gruppe mythologischer Gestalten zu einer bestimmten, einheitlichen Handlung von dramatischer Lebendigkeit vereinigt und dabei keineswegs die Moiren anwesend, sondern von göttlichen Wesen nur Aphrodite und einen als Phthonos bezeichneten Eros. Die griechische Kunst giebt hier eine innere, psychologische Motivirung des dargestellten Vorgangs, während die römische durch die äusserliche Hinzufügung jenes Schicksalswesens in allegorischer Weise andeutet, dass sich in diesen Moment ein verhängnissvoller Schicksalschluss vollzieht.

Wenn wir überhaupt auf die Darstellungen der Moiren, welche aus der griechischen Kunst bekannt sind, einen Blick werfen, so tritt uns sofort gegenüber den bisher betrachteten römischen Darstellungen ein principieller Unterschied entgegen: in der griechischen Kunst kommt immer nur die religiöse und sittliche Bedeutung dieser Göttinnen zum Ausdruck; die Mehrzahl ihrer Darstellungen sind Kultusbilder, und auch hier erscheinen sie meist nicht selbständig, sondern gewöhnlich mit Zeus verbunden, von dessen Macht sie eine Seite repräsentiren. So waren sie an der Statue des Zeus in seinem Tempel in Megara [2]), den Horen entsprechend, auf der Lehne des Thrones dargestellt, in der Vorhalle des Tempels der Despoina in Arkadien [3]) neben Zeus Moiragetes auf einem Relief und ebenso in einer Gruppe in Delphi [4]) mit Zeus und Apollo Moiragetes. Hier hatten nur zwei Moiren Bildsäulen; in ihrem Heiligthum in Korinth waren ihre Bilder nicht öffent-

---

[1]) Archäol. Zeitg. 1867, Taf. 220 und daselbst Jahn, S. 33 ff. und 120.
[2]) Paus. 1, 40, 4.
[3]) Paus. VIII, 37, 1.
[4]) Paus. X, 24, 4.

lich sichtbar [1]); von einem Tempel der Moiren in Theben [2])
bemerkt Pausanias ausdrücklich, dass sie dort ohne Statuen
verehrt wurden, während er einige andere Kultstätten nur
anführt, ohne Darstellungen dabei zu erwähnen [3]). Es ist
hinlänglich deutlich, dass in allen diesen Fällen Glaube und
Kultus die künstlerische Darstellung der Moiren hervorgerufen
haben.

In grösserem Zusammenhang, welcher wiederum die religiöse Bedeutung dieser Göttinnen hervortreten lässt, waren
sie auf der Basis des Amyklaeischen Apollo [4]) dargestellt, auch
hier den Horen gegenüber und ähnlich finden wir sie auf der
Françoisvase [5]) in dem Aufzug des ganzen Olymp zur Feier
von Peleus' und Thetis' Vermählung als begleitende Neben-
gruppe, ebenso wie die Horen und Musen. Hier erscheinen
sie als vier würdig langbekleidete Gestalten ohne irgend ein
charakterisirendes Attribut, welche eng verbunden neben einander herschreiten. Dass sie von der älteren Kunst überhaupt
in diesem Typus, ohne Attribute, dargestellt wurden, lässt
sich auch aus einem archaisirenden römischen Werk, dem
Borghese'schen Altar im Louvre [6]), schliessen; dieser enthält
in der unteren Reihe drei Dreivereine von Göttinnen: neben
den Horen und Chariten die Moiren, welche hier wieder in
langen Gewändern, nur durch Scepter und Stephane als würde-
volle Gottheiten bezeichnet, auftreten. In dem Mangel der
späteren Attribute entspricht die Darstellung dieses nachgeahmt alterthümlichen Werkes der Françoisvase; diese
letztere scheint die einzige Darstellung der Moiren zu sein,
welche sich aus dem ganzen Umfang der griechischen Kunst

---

1) Paus. II, 4, 7.
2) Paus. IX, 25, 4.
3) In Korinth II, 11, 4; ein Altar der Moiren neben dem des Zeus
Moiragetes in Olympia V, 15, 5; in Lakedaemon III, 11, 10.
4) Paus. III, 19, 4.
5) Mon. dell' Inst. IV, tav. 56. 57.
6) Clarac, pl. 173. 174, No. 378; Müller-Wieseler, Denkm. I,
Taf. XII, 44.

erhalten hat. Es ist gewiss bezeichnend, dass in der ganzen Masse der griechischen Vasonbilder eine weitere Darstellung derselben nicht nachweisbar ist, denn die wenigen, welche als solche noch angeführt worden sind [1]), erscheinen einer besonderen Widerlegung gegenwärtig kaum mehr bedürftig.

In der griechischen Vorstellung sind die Moiren mehr der Ausdruck einer religiösen und sittlichen Macht, als eigentlich mythologische Personen; als solche haben sie nicht genug individuelle Gestalt gewonnen, um von der Kunst mit bestimmten Vorgängen des Mythos handelnd verbunden zu werden, wie es so häufig mit anderen Göttern geschehen ist; als abstrakte Personificationen der Schicksalsmacht aber sind sie von den griechischen Künstlern, so weit sich erkennen lässt, n i e verwendet worden. Erst der römischen Kunst blieb es vorbehalten, die Wesen, welche nach römischer Auffassung die über Leben und Tod waltende Macht des Schicksals repräsentiren, mit allegorischen Attributen auszustatten und zum Ausdruck dieses Gedankens in Darstellungen aus dem menschlichen Leben und der Mythologie einzuführen, eine Verwendung, die wir in entsprechender Weise auch bei den römischen Dichtern gefunden haben, von deren Betrachtung wir ausgegangen sind.

---

[1]) Das Vasenbild Bullet. Napol. 1845, an. III, tav. 1 (Müller-Wieseler, Denkm. II, Taf. LXXII. 921) ist schon von Brunn, Berlin. Jahrb. 1846, S. 729 ff., aus diesem Kreis verwiesen worden. Andere Beispiele von Welcker zu Müllers Handb. der Arch., § 398, 1 zusammengestellt; das dort erwähnte Bild Vases Lamberg II, 4 ist das von Engelmann, Arch. Zeitg. 1874, Taf. 15 als „Jovase" neu publicirte: die „Parzen" auf demselben sind Frauen mit weiblichem Geräth in den Händen, darunter eine mit Spiegel, dessen verkürzte Zeichnung man für eine Spindel hielt. — Als griechische Darstellung der Moiren können auch die Terracottafigürchen, welche Stephani, Compte rendu 1869, pl. III, 1—3 publicirt, wegen ihrer Unbedeutendheit kaum in Betracht kommen, selbst wenn sie wirklich, was nach den Attributen noch keineswegs sicher ist, diese Göttinnen darstellen sollten.

IV.

Bei der Verwendung der bisher betrachteten mythologischen Gestalten, in Gedichten, deren Gegenstand nicht der
Mythologie, sondern der Geschichte oder dem gewöhnlichen
Leben angehört, fanden wir meist die Absicht, einen abstracten Gedanken in allegorischer Weise auszudrücken, zu
Grunde liegend; noch ausgedehnter und freier aber ist bei
den römischen Dichtern die Einführung wirklicher Götter
in rein decorativer Weise, zur blossen poetischen Ausschmückung eines Vorgangs, den sie grade besingen.

Bei Sidonius und Claudian ist dies besonders in den
Epithalamien der Fall, und hier finden sich zumeist jene
mythologischen Schilderungen, welche den Gedanken an eine
poetische Verwendung künstlerischer Eindrücke nahe legen.
Für die Uebereinstimmung der Dichter mit den Künstlern in
diesem Punkt ist es bezeichnend, dass auch in den Kunstwerken das Erscheinen göttlicher Wesen grade bei den Hoch-
zeitdarstellungen sehr gewöhnlich ist; auf den römischen
Sarkophagen mit Scenen dieses Inhalts finden wir in der
Regel zwischen dem Paar, dessen Verbindung dargestellt ist,
Juno als Pronuba und dabei häufig Venus [1]) mit den Grazien

---

[1]) So auf dem Sarkophag von Monticelli: Mon. dell' Inst. IV,
tav. IX; dem Vaticanischen: Gerhard, Ant. Bildw., Taf. 74; dem im

und andere Gottheiten, wie Hymenaeus und Horen anwesend.

Die Epithalamien Claudians und eins von den beiden des
Sidonius sind in ihrer ganzen Composition nichts als Nachahmungen des bekannten Hochzeitgedichtes des Statius [1]).
Dies letztere zeigt in fast allen Motiven eine solche Uebereinstimmung mit den Darstellungen der römischen Hochzeitsarkophage, dass es mit vollem Recht von Brunn [2]) zur Erläuterung derselben angewendet worden ist, da sich in ihm
„der gesammte Vorrath von Gedanken, der in Kunstdar-

Mus. Pio Clement.: G u a t t a n i, Monum. ant. 1785, p. LXI, tav. II;
und dem von San Lorenzo: F i c o r o n i, Le vest. di Roma ant., p. 115.
[1]) Claud. Carm. X u. XXXI; Sidon. Carm. XI; Stat. Silv. I, 2.
[2]) Annali dell' Inst. 1844, p. 194: tutto il concetto è poetico, ed
ai poeti piuttosto, che a'libri del culto dobbiamo ricorrere per rintrac-
ciare l'idea generale dell' artista. Ed a meraviglia ci giova questo con-
fronto, essendoci conservato un epitalamio di Stazio, che composto in
tempi non molto rimoti da quelli, a cui dobbiamo la composizione del
nostro sarcofago, ce ne dà una idea del tutto simile, purchè, secondo la
natura della poesia, la esposizione sia più vaga. Nondimeno il nostro
monumento possiamo descriverlo quasi colle stesse parole del poeta.“
Diese Worte selbst mögen erkennen lassen, wie wenig berechtigt ist,
was R o s s b a c h (Röm. Hochzeitsdenkm., S. 118) in ihnen findet:
„B r u n n hat den Sarkophag von Monticelli in das Zeitalter des Papinius
Statius gesetzt, hauptsächlich bewogen, wie es scheint, durch den engen
Zusammenhang, welchen er mit dem Epithalamium Stellae et Violantillae
annehmen zu müssen glaubte.“ Wenn aber R o s s b a c h auch in der
Einleitung (S. VIII) sich hierauf bezieht (wie aus Anm. 73, S. 40 hervorgeht), „ohne darum in den gewiss unrichtigen Gedanken zu verfallen, dass wir Illustrationen von dichterischen Schilderungen vor uns
hätten, wie noch vor wenigen Jahren von einem Hochzeitsarkophage be-
hauptet worden ist“, so ist diese Bemerkung nicht nur wegen des
offenbar irreführenden Zusatzes „vor w e n i g e n Jahren“, sondern vor
Allem aus dem Grunde zurückzuweisen, weil sie jenen Worten B r u n n' s
eine Tendenz unterlegt, von der Niemand entfernter sein kann, als
grade B r u n n es schon 1844 in diesem ersten Aufsatz für die Annali
gezeigt hat. Anders urtheilte darüber O. J a h n, Ber. d. sächs. Ges.
d. W. phil.-hist. Cl. 1854, S. 171. Vgl. B r u n n, Sitzungsber. der
bayer. Akad. 1875, I, S. 27.

stellungen römischer Hochzeiten zur Verwendung gekommen,
vereinigt findet." Fast das Gleiche liesse sich von den Nachahmungen Claudians und Sidonius' sagen; das Gemeinsame
liegt besonders in der Wendung, mit welcher die Dichter den
Bund des Paares, welches sie besingen, übereinstimmend als
von der Liebesgöttin selbst geschlossen darstellen. Wie
Statius zu diesem Zweck Venus einführt und Amor, der ihr
die Vorzüge des Bräutigams preist und sie bewegt, selbst zur
Braut zu gehen und sie für denselben zu gewinnen, eben so
schildert auch Claudian die Göttin mit ihrem Gefolge, von
Amoren umspielt; in dem einen seiner Epithalamien ist es
sodann wieder Amor, der sie überredet, nach dem Hause der
Braut zu ziehen und dort das Liebespaar zu verbinden, in
dem andern tritt dafür Hymenäus ein; der Schluss ist auch
hier wieder der gleiche. Ganz abgeblasst tritt uns dies Com-
positionsschema bei Sidonius entgegen; hier ist fast nichts
als eine zusammenhangslose Reihe von Schilderungen übrig
geblieben, deren Motive er aus seinen Vorbildern entlehnt
und in seiner eigenen Weise weiter ausgemalt hat.

Die Abhängigkeit dieser römischen Dichter von einander
zeigt sich jedoch nicht nur in der Anlage ihrer Hochzeit-
gedichte, sondern fast noch mehr in der Ausführung der
mythologischen Schilderungen, mit welchen sie dieselben aus-
schmücken. Die Hauptstelle unter diesen nimmt ein die
Schilderung des Zuges der Venus nach dem Hause des Bräutigams. Statius (142 sqq.) lässt die Göttin auf dem von Amor
gelenkten Schwanenwagen durch die Lüfte schweben; dies
Bild verwendet Claudian [1]) in etwas abweichender Weise: bei
ihm werden die Schwäne, wie in einem Philostratischen Gemälde, von den Amoren, welche die Göttin umschwärmen,
gezügelt und bilden so das Gefolge ihres Wagens, während
Sidonius (XI, 108 sqq.) sich hier unmittelbar an Statius an-
schliesst. Doch auch bei diesem ist die Vorstellung des von

---

[1]) Carm. XXXI, 109 sqq. Das Philostr. Gemälde, auf das er sich
hier zu beziehen scheint, ist imag. I, 9.

Schwänen gezogenen Wagens der Venus nicht original, vielmehr findet sie sich schon bei Dichtern der Augusteischen Zeit [1]) und ebenso bei Silius Italicus [2]), dem älteren Zeitgenossen des Statius.

In den Bildwerken ist zwar die Verbindung der Aphrodite mit dem Schwan nicht selten [3]), aber nur auf ganz vereinzelten und untergeordneten Werken späterer Zeit erscheinen die Vögel an den Wagen der Göttin gespannt, während häufig genug auf Vasenbildern und anderen Monumenten guter Zeit Aphrodite auf dem Schwan sitzend vorkommt, eine mythologische Darstellung, welche sich den zahlreichen analogen anreiht, in welchen eine Gottheit von dem ihr heiligen Thier getragen wird [4]). Aber während die Thiere anderer Götter, welche sich ihrer Natur nach eher zu Zugthieren eignen — die Hirschkuh bei Apollo und Artemis, die Panther des Dionysos, die Löwen der Cybele — auch sehr gewöhnlich auf Kunstwerken aller Art als solche erscheinen, macht die Verwendung der Schwäne zu diesem Zweck vielmehr den Eindruck einer poetischen Erfindung, welche den auch den Kunstwerken zu Grunde liegenden Gedanken: das Lieblingsthier der Göttin in ihrem Dienste bemüht darzustellen, in einer mehr spielenden, als eigentlich künstlerisch gedachten Weise ausführt. Ganz in dem gleichen Sinne finden wir bei den römischen Dichtern den Wagen der Venus auch von ihren Tauben gezogen [5]). Beide Vorstellungen sind gewiss nicht

---

[1]) Horaz, Od. III, 28, 15; IV, 1, 10; Ovid. Met. X, 708 u. 717 sq.

[2]) Punic. VII, 441, wo wie, bei Statius, Amor die Schwäne lenkt; bei diesem selbst noch Silv. III, 4, 22 u. 46.

[3]) Die Monumente dieses Inhalts sind zusammengestellt von Stephani, Compte rendu 1863, S. 64 ff.

[4]) So ferner Aphrodite auf dem Widder und ebenso Hermes, vgl. Flasch, Angebliche Argonautenbilder, S. 2 ff.; Artemis auf der Hirschkuh, vgl. Stephani, Compte rendu 1868, S. 7 ff.; Apollo auf dem Greifen, ebenda 1864, S. 93 ff.

[5]) Ovid. Amor. I, 2, 23; Metam. XIV, 597. Apulej. Metam. VI, 6. Claud. XXII, 354; XXXI, 104.

erst in Augusteischer Zeit in die Poesie eingeführt worden; für den Schwanenwagen ergiebt sich das schon aus der Verwendung, welche dies Motiv einigemal bei den Dichtern dieser Zeit findet. Am Schluss der Ars amatoria (III, 809) legt Ovid, der hier als Sänger und Verkünder der Venus aufgetreten ist, sich selbst dies Attribut seiner Göttin bei:

lusus habet finem. cygnis descendere tempus,
duxerunt collo qui juga nostra suo.

Eine solche Uebertragung, die sich ganz ähnlich auch schon bei Properz (IV. 2, 39) findet, ist nur unter der Voraussetzung denkbar, dass das Bild der von Schwänen gezogenen Liebesgöttin damals bereits zu den verbreiteten und allgemein bekannten gehörte, sie würde unverständlich geblieben sein, wenn Ovid zuerst diese Vorstellung dichterisch verwendet hätte [1]). Ohne Zweifel haben wir hier einen der Züge vor uns, welche die Augusteischen Dichter aus griechischen und zwar wohl hauptsächlich alexandrinischen Vorbildern entnahmen, und wenn auch grade dieser jetzt nicht mehr in der erhaltenen griechischen Poesie nachweisbar sein sollte, so findet sich doch als Analogie schon in der älteren Lyrik die poetische Vorstellung, dass der Wagen der Göttin von den gleichfalls ihr heiligen Sperlingen gezogen wird, wovon Welcker [2]) sagt, dass es „wohl nur ein Einfall der Sappho" war.

Aus dem Gefolge der Göttin, das bei Sidonius ihren Schwanenwagen auf diesem Zuge geleitet, ist unter vielen fremdartigen und seltsamen Elementen, die er hier combinirt (Pomona, Flora, Ceres, Osiris!), nur eine Gruppe hervorzuheben, deren Schilderung einen Anklang an künstlerische Darstellungen zu verrathen scheint, die Grazien, die er mit den Worten beschreibt (XI, 113):

---

[1]) Diese Annahme ist kürzlich ausgesprochen worden von P. Schönfeld: Ovids Metamorph. in ihrem Verhältniss zur ant. Kunst, S. 58.
[2]) Griech. Götterlehre II, 717.

hic triplex uno comitatur Gratia nexu.

Doch ist auch hier nur eine Nachahmung Claudians zu erkennen, der in dem Garten der Venus die Grazien zwar in anderer Situation, aber mit ähnlichen Worten einführt (XXXI, 8 sq.):

> triplexque vicissim
> nexa sub ingenti requiescit Gratia quercu,

und an einer andern Stelle (XXIX, 88):

> ternaque te nudis innectens Gratia membris.

Eine allgemeine Rückwirkung der bekannten und verbreiteten plastischen Gruppe der drei verschlungenen Grazien auf die dichterische Auffassung dieser eng verbundenen Gottheiten kann hier wohl zugestanden werden; dieselbe Reminiscenz ist aber auch schon bei Horaz zu finden [1]):

> Gratia nudis juncta sororibus,

der dies Bild als eine anmuthige poetische Vorstellung mehrmals und in verschiedener Weise anwendet [2]).

Einen anderen Zug der Venus schildert Claudian in dem grösseren seiner Epithalamien (Carm. X, 149—172); hier wird die Göttin von Triton durch die Fluthen getragen, umgeben von einem ganzen Thiasus des Meeres: Leucothoe, Palaemon, Glaucus begleiten sie, die Nereiden reiten auf den phantastischen Ungeheuern des Meeres und eine Schaar geflügelter Amoren umschwärmt den Zug. Diese Beschreibung hat Sidonius wieder nachgebildet (Carm. XI, 34 sqq.); auch bei ihm finden wir Venus auf dem Rücken des Triton, Galatea auf einem andern Meerwesen und ringsum Amoren, welche Delphine mit Rosen zügeln, oder muthwillig mit den

---

[1]) Od. III, 19, 16 sq.

[2]) Od. III, 21, 21 sq.: Venus segnesque nodum solvere Gratiae. IV, 7, 5 sq.: Gratia cum nymphis geminisque sororibus audet ducere nuda choros. Cf. I, 4, 6 sq.

Meerwesen spielen, von denen sie halb gleitend, halb schwebend getragen werden [1]. Sidonius bringt nur ein neues Motiv in diese Schilderung hinein, nämlich ein sinnliches Verhältniss zwischen den Meerthieren und den Göttinnen, welche sie tragen, wie er es bei Triton andeutet (36):

> inter aquas calido portabat corde Dionem,

und bei Galatea weiter ausführt (38 sqq.):

> pollice fixo
> vellit et occulto spondet connubia tactu.
> tum gaudens torquente joco subridet amator
> vulnere jamque suam parcenti pistre flagellat.

Es ist bekannt, dass Züge dieser Art auch in den Kunstwerken späterer Zeit sich finden, welche grade aus diesem Kreise so ausserordentlich zahlreich erhalten sind [2]; doch werden wir darum noch nicht annehmen, dass Sidonius durch künstlerische Eindrücke hier beeinflusst wurde, wenn wir sehen, dass auch seinen poetischen Vorbildern dieselben Züge nicht fremd sind. Bei Claudian finden sich wiederholt solche Andeutungen der sinnlichen Natur des Triton und anderer Meerwesen [3] und hierher hat Sidonius dies Motiv genommen, das er dann mit eigener Phantasie weiter ausführt. Aber auch für Claudian selbst ist eine unmittelbare Einwirkung künstlerischer Darstellungen keineswegs wahrscheinlich; vielmehr lassen sich die Bilder, welche er verwendet, nahezu

---

[1] 45 sq.: plantaque madenti labuntur, firmantque pedum vestigia pennis. Dies poetisch ausgemalte Motiv findet sich zwar auch auf Kunstwerken und kann z. B. sehr wohl zur Erläuterung des Eros, welcher auf dem Münchener Poseidonfries über dem Bein eines der Seerosse flattert, dienen; doch ist es wohl nur eine Nachbildung des ähnlichen bei Claud. XXXI, 114 sq.

[2] Die hierher gehörigen Monumente sind zusammenfassend behandelt von Jahn (Ber. d. sächs. Ges. d. W. phil.-hist. Cl. 1854, S. 160 ff.), der auch diese poetischen Schilderungen und andere derselben Art anführt.

[3] Carm. X, 136 sqq.; XIX, 67 sq.; XXIX, 126 sqq.

alle in älteren Schilderungen derselben Art bei römischen Dichtern nachweisen. Schon bei Vergil [1]) finden wir im Gefolge des Poseidon einen ganzen Zug von Meerwesen: Glaucus, Palaemon, Tritonen und die ganze Schaar der Nereiden; ähnlich beschreibt Ovid [2]) eine der Darstellungen an den Prachtthüren des Sonnenpalastes:

caeruleos habet unda deos, Tritona canorum,
Proteaque ambiguum — —
Doridaque et natas, quarum pars nare videtur,
pars in mole sedens virides siccare capillos,
pisce vehi quaedam.

Diese Schilderung ist von Statius [3]) mehrfach benutzt worden, der an einer anderen Stelle (Silv. III. 2, 13 sqq.) die Seegottheiten anruft:

vos quoque caeruleum, divae Nereides, agmen,

und ihnen das Schiff, welches einen Freund über das Meer tragen soll, anempfiehlt (35 sqq.):

huic multo Proteus, geminoque huic corpore Triton
praenatet, et subitis qui perdidit inguina monstris Glaucus . . .
(39) tu tamen ante omnes diva cum matre Palaemon.

Zu einem grossen Zuge im Gefolge der Venus vereinigt, erscheinen sodann diese Meerwesen wieder bei Apulejus [4]): adsunt Nerei filiae chorum canentes — et auriga parvulus delphini Palaemon. jam passim maria persultantes Tritonum ca-

---

[1]) Aen. V, 822 sqq.; eine sehr abgeschwächte Nachahmung davon scheint Sil. Ital. III, 410 sqq.

[2]) Metam. II, 8 sqq. An eine andere Erwähnung des Triton, Metam. 1, 332 sq., verräth Claud. X, 129. 150 einen unmittelbaren Anklang; die Zusammenstellung Proteus, Triton und Palaemon findet sich noch Metam. XIII, 918 sq.

[3]) Silv. II, 2, 19 sq.: levis hic Phorci chorus, udaque crines Cymodoce, viridisque cupit Galatea lavari. Silv. III, 1, 144 sq.: ipsae pumiceis virides Nereides antris exiliunt ultro et scopulis uventibus haerent.

[4]) Metam. IV, 32.

tervae etc. — talis ad Oceanum pergentem Venerem comitatur exercitus.

Wenn sich nun auch nicht annehmen lässt, dass Claudian grade eine der angeführten Stellen unmittelbar nachgeahmt hat, so ergiebt sich doch schon aus einer solchen Zusammenstellung, die sich leicht weiter ausdehnen liesse [1]), dass die Elemente seiner Schilderung zu dem Gemeingut der römischen Poesie gehören und dass eher Reminiscenzen dieser Art, als bestimmte Erinnerungen an gesehene Kunstwerke ihn bei der Ausführung seiner eigenen Schilderungen geleitet haben.

Einige weitere Schilderungen mythologischer Aufzüge enthält ein anderes Gedicht des Sidonius (Carm. XXII), in welchem er den Wohnort eines gallischen Freundes dadurch verherrlicht, dass er Bacchus und Apollo einführt und letzterem das Lob des gefeierten Burgus in den Mund legt, das dann von beiden Göttern zum Sitz erkoren wird. Bacchus wird geschildert (22 sqq.), wie er auf seinem Tigerwagen in grossem Triumphzug einherzieht, von dem gewöhnlichen Gefolge umgeben (36 sqq.):

Bassaridas, Satyros, Panas, Faunosque docebat
ludere Silenus jam numine plenus alumno,
sed comptus tamen ille caput: nam vertice nudo
amissos sertis studet excusare capillos.

Hinter dem Wagen wird der gefesselte Ganges geführt und eine Schaar gefangener Inder, welche ihre eigenen Schätze als Beutestücke tragen müssen, gefolgt von Elephanten.

Es scheint kaum nöthig, die einzelnen Elemente dieser Schilderung in allbekannten Darstellungen römischer Sarkophage mit dem sogenannten indischen Triumphzug des Bacchus

---

[1]) Ein beliebtes Motiv aus diesem Kreise ist unter anderen das Bild der von einem gezügelten Delphin durch das Meer getragenen Thetis; es findet sich zuerst bei Tibull I. 5, 45 sq.; und danach bei Ovid, Met. XI, 237; Valer. Flaccus, Arg. I, 130 sqq.; Sil. Ital. Pun. XIV, 570 sq.; Statius, Achill. I, 219 sqq.

nachzuweisen [1]); und doch liegt auch hier nicht sowohl eine
Benützung künstlerischer Motive vor, als vielmehr wiederum
eine blosse Nachahmung Claudians [2]), bei welchem der Aufzug des Bacchus mit seinem Gefolge, welches die überwundenen
Inder und den gefesselten Ganges im Triumphe einherführt,
in ganz gleicher Weise geschildert wird.

Schon bei früheren Dichtern ist das Bild des auf seinem
Tigerwagen triumphirenden Gottes ein so gewöhnliches, dass
es besonders zu Vergleichungen häufig angewendet wird [3]);
den Thiasos des Bacchus schildert Ovid [4]) zwar kurz, aber mit
denselben Zügen wie Claudian und Sidonius, während Statius [5])
einmal den Gott mit einem Gefolge allegorischer Wesen einführt. Verhältnissmässig noch das Beste an jener Schilderung
des Sidonius ist die Charakteristik der üppigen, weichlichen
Erscheinung des Weingottes selbst (25 sqq.):

> marcidus ipse sedet curru: madet ardua cervix
> sudati de rore meri: caput aurea rumpunt cornua —
> (31) cantharus et thyrsus dextra laevaque feruntur,
> nec tegit exertos, sed tangit palla lacertos:
> dulce natant oculi. —

Aber man braucht nur zwischen und hinter den angeführten Versen zu lesen, um in der gesuchten und gezierten
Manier der Ausführung dieses Bildes sofort wieder die per-
sönlichen Eigenthümlichkeiten unseres Dichters zu erkennen,
während die einzelnen Züge, die er verwendet, schon bei
Früheren sich finden [6]).

---

[1]) Diese Bacchischen Sarkophage sind zusammenfassend behandelt
von Petersen, Annali dell' Inst. 1863, p. 372 sqq.

[2]) Carm. VIII, 604 sqq.

[3]) Verg., Aen. VI, 804 sq.; den Sil. Ital. XVII, 647 wiederum
nachahmt; Horaz, Od. III, 3, 13 sq.; Ovid, Amor. I, 2, 47 sq.

[4]) Metam. IV, 25 sqq.; bei Claud. XXIV, 362 sqq. findet sich noch
eine Schilderung des Bacchus mit seinem Gefolge zu Schiff.

[5]) Theb. IV, 656 sqq.

[6]) Bei Stat. l. l. 652 marcidus; am meisten Verwandtschaft zeigt
vielleicht Sil. Ital. VII, 194.

Als Gegenstück dazu schildert Sidonius (66 sqq.) Apollo auf dem von Greifen gezogenen Wagen, umgeben von den Musen und anderem Beiwerk, das nur zusammengesucht scheint, um dem Bacchischen Zuge einen einigermassen entsprechenden Apollinischen gegenüberzustellen. Der Gott selbst erscheint auch hier wieder in ausgeführter Beschreibung (72 sqq.):

> aeternum nitet ipse genas: crevere corymbis
> tempora, et auratum verrit coma concolor axem,
> laeva parte tenet vasta dulcedine raucam
> caelato Pythone lyram, pars dextra sagittas
> continet, atque alio resonantes murmure nervos.

Die einzelnen Züge dieser Schilderung sind die allergewöhnlichsten, die bei den römischen Dichtern ständig an der Erscheinung des Phoebus hervorgehoben werden; Sidonius' eigene Individualität verräth sich dabei nur darin, dass er die entgegengesetzten Attribute des Gottes combinirt, um die verschiedenen Seiten seines Wesens in frappanter Antithese hervortreten zu lassen. Das Bild des von Greifen gezogenen Apollo, das bei Sidonius noch einmal in ganz derselben Weise wiederkehrt (Carm. II, 307 sqq.), stammt wiederum aus Claudian (Carm. XXVIII, 30 sq.) und ist, wie das Taubengespann der Aphrodite, eine der bei den Dichtern beliebten Vorstellungen, welche die auch den Kunstwerken geläufige Verbindung einer Gottheit mit dem ihr heiligen Thier [1]) nach zahlreichen Analogieen zu einem poetischen Motiv gestalten.

In allen diesen Beschreibungen Claudians und mehr noch in den Nachahmungen derselben bei Sidonius erkennen wir somit die Erzeugnisse einer Zeit, welche die gesammte künstlerische und poetisch verarbeitete Production einer reichen Vergangenheit hinter sich hat und diesen Besitz sich aneignet,

---

[1]) Ueber die Verbindung Apollos mit dem Greifen vgl. Stephani, Compte rendu 1864, S. 90 ff.; ein mit Greifen fahrender Apollo ist danach (S. 94) nicht mit Sicherheit nachweisbar.

um ihn in freiester Weise auszubeuten und nach eigenem
Geschmack zu verwenden. Dass grade bei Sidonius, dem
spätesten und unselbständigsten dieser Dichter, derartige
Schilderungen sich so zahlreich und ausgeführt finden, wie
vielleicht bei keinem anderen, erklärt sich leicht aus seiner
schriftstellerischen Anlage, welche bei sehr geringer eigener
Productionskraft ihn vielmehr zum Ausmalen eines gegebenen
oder entlehnten Bildes befähigt. Bei dieser Ausführung seiner
Motive nun tritt überall die besondere Manier des Sidonius
hervor; so veranlasst ihn seine Vorliebe für gewisse Verskünsteleien einigemal [1]), ganze Reihen von Göttern aufzu-
zählen und jeden durch ein seine Erscheinung oder sein Wesen
bezeichnendes Schlagwort zu charakterisiren, ein Kunststück,
das er auch sonst [2]) wiederholt anwendet, um mit einer gewissen Gewandtheit in kurzem, treffendem Ausdruck zu prun-
ken. Mehr noch macht sich dabei seine Neigung für gesuchte
rhetorische Wendungen, Antithesen, Alliterationen und Wort-
spiele geltend, die ihn auch dazu führt, manche Vorstellungen,
welche ihm in diesem Sinne besonders gefielen, immer wieder
anzubringen; so liebt er es z. B. besonders, Zweige und Blumen
als Fesseln oder Zügel verwenden zu lassen [3]), ein Motiv, das
er aus Claudian entlehnt hat und nun bis zum Ueberdruss
variirt.

----

[1]) Carm. X, 13 sqq. und besonders VII, 29 sqq.

[2]) So z. B. bei der Aufzählung von Schriftstellern Carm. II,
190 sqq.; bei der von Göttern mit ihren Kultorten IX, 167 sqq. (ein
Gegenstand, der auch in dem Priapeum LXXVI behandelt ist; vgl. Hor.
Od. I, 7, 3 sqq. und öfter).

[3]) Die Schwäne am Wagen der Venus werden mit Myrthen gezügelt
XI, 109, wie die Tauben der Göttin mit Blumen bei Claud. XXXI, 104;
die Greifen am Wagen des Apollo mit Lorbeer Sid. II, 307 und XXII,
67 sq.; die Tiger des Bacchus mit Reben ibid. 13, wie schon bei Verg.
Aen. VI, 804; und ebenso sind in derselben Schilderung des Sidonius
die gefangenen Inder mit Reben (44) oder Blumengewinden gefesselt
(55 sqq.). Amor zügelt einen Delphin mit Rosen Sid. XI, 43, wie
Palaemon bei Claud. X, 156.

Während somit grade die ausgeführteren Schilderungen des Sidonius für unseren Zweck meist nur wenig Interesse bieten, sind hier einige Stellen hervorzuheben, in denen eine eigenthümliche Auffassung mythologischer Gegenstände hervortritt. Im Eingang eines Gedichtes (Carm. XVI) ruft Sidonius Apollo und die Musen an, oder weist vielmehr ihre Hülfe grade für diesen Fall zurück, denn es ist ein christlicher Gesang, den er beginnen will, das Eucharisticum ad Faustum episcopum Reiensem, und hier soll ihn der heilige Geist inspiriren. Der Anfang lautet:

> Phoebum et ter ternas decima cum Pallade Musas.

Fast könnte man glauben, dem bischöflichen Dichter sei hier sein Christenthum mit dem sonstigen mythologischen Verstande durchgegangen, dass ihm plötzlich Pallas als zehnte Muse erscheint. Indessen geschähe ihm damit doch Unrecht; es ist dies vielmehr eine ganz römische Vorstellung, die sich bei Sidonius wiederum nicht zuerst findet, sondern von ihm aus demselben Dichter entlehnt ist, dem er diese ganze Form des Eingangs nachgebildet hat [1]). Bei Statius findet sich an einer ganz ähnlichen Stelle (Silv. I. 4, 19 sq.):

> nec Phoebum — nec Aonias decima cum Pallade divas.

Dieser eigenthümlichen Ausdrucksweise scheint die abstracte römische Auffassung zu Grunde zu liegen, nach der die Musen nicht mehr als eigentliche mythologische Personen, sondern als begriffliche Wesen erscheinen, welche die Künste und Wissenschaften oder die einzelnen Dichtungsarten repräsentiren; die gleiche Auffassung zeigt sich bei Statius noch an einer anderen Stelle, wo sich Elegeia in den Chor der Musen als zehnte eindrängt [2]). Ebenso ist in jener Ver-

---

[1]) Diese Form wendet Statius öfter an, so ausser an den beiden anzuführenden Stellen z. B. auch Silv. I, 5, 1 sqq.

[2]) Silv. I, 2, 7 sqq.: Quas inter — Elegeia propinquat . . . decimanque videri se cupit et medias fallit permixta sorores. Wie Musen erscheinen auch Elegeia und Tragoedia bei Ovid, Amor. III, 1, 7 sqq.

bindung Minerva ganz abstract als die „personificirte Intelligenz" [5]) und Vertreterin häuslicher Kunst gedacht, und in diesem abgeblassten Begriff konnten dann allerdings jene verschiedenartigen mythologischen Gestalten zusammenfliessen. Dieselbe Vorstellung ist bei Statius noch einmal angedeutet (Silv. I. 6, 1 sq.):

> et Phoebus pater et severa Pallas
> et Musae procul ite feriatae,

und in dieser Form der einfachen Zusammenstellung findet sie auch in den zahlreichen römischen Sarkophagen ihren Ausdruck, welche mit der Darstellung der neun Musen die Gestalten des Apollo und der Minerva vereinigen [2]), von denen nur der Erstere als Musagetes hier eine eigentlich mythologische Berechtigung hat. Zwar finden sich auch in einigen griechischen Werken die Musen in der Umgebung der Athena dargestellt [3]), doch wird diese immerhin seltene Verbindung, die dort durch locale oder Cultus-Beziehungen veranlasst sein mag, zur Erklärung der in jenen römischen Werken typischen Aufnahme der Minerva in den Chor der Musen weniger geeignet sein, als jene begriffliche Auffassung des Wesens dieser mythologischen Gestalten, welche sich bei den römischen Dichtern so entschieden ausspricht.

Eine ähnlich zerfliessende mythologische Anschauung

---

[1]) Preller, Röm. Mythol. (2. Aufl.), S. 264; über die ursprüngliche Bedeutung der römischen Minerva als Göttin des Gedächtnisses, vgl. Mommsen, Röm. Gesch. (6. Aufl.) I, 177 u. II, 415.

[2]) Vgl. Wieseler, Annali dell' Inst. 1861, p. 128 sq., der auch n. 2 die Stelle des Sidonius anführt; Benndorf u. Schöne, Lateran, No. 433, welche in einem Relieffragment, das nur Apollo und Minerva erhalten zeigt, mit grosser Wahrscheinlichkeit das Stück eines Musensarkophags erkannt haben.

[3]) Im Tempel der Athena Alea zu Tegea standen Statuen der Mnemosyne mit den Musen, Paus. VIII, 47, 3; an der Basis einer Athenastatue auf dem Markt in Korinth waren die Musen dargestellt, Paus. II, 3, 1 (doch ist diese letztere, ihrer Umgebung nach, wohl vielmehr ein römisches Werk). Den Hinweis hierauf verdanke ich, wie manche andere Förderung, Herrn Prof. Bursian.

scheint sich in einem anderen Ausdruck des Sidonius zu verrathen, an einer Stelle, die wegen ihres weiteren Inhalts noch
später zu besprechen sein wird (XXII, 158). Hier heisst es:
sacra tridentiferi Jovis (armenta etc.); dieser tridentifer Jupiter
ist, wie auch ausser dem Zusammenhang ohne Weiteres klar
sein wird, Neptun, dem in seiner Würde als Beherrscher des
Meeres der Name des höchsten Gottes als Prädicat beigelegt
ist. Ob diese Bezeichnung von Sidonius herrührt, weiss ich
nicht zu entscheiden, die gleiche Vorstellung aber findet
sich bei Claudian [1]), „Jovis aequorei"; und dass die Auffassung des Gottes, aus der sie hervorgeht, eine allgemein
römische ist, zeigt schon bei Vergil [2]) das Analogon: sacra
Jovi Stygio. Zur Erklärung dieses letzteren Ausdrucks hat
man sich gewiss mit Unrecht auf den griechischen Ζεὺς χα-
ταγθόνιος berufen; denn während diesem eine wirklich mythologische Vorstellung zu Grunde liegt [3]), ist der Sinn jener
römischen Bezeichnung ein weit flacherer, wie schon die ganz
entsprechende [4]) „Juno inferna" für Proserpina erkennen lässt,
denn es ist deutlich genug, wie hier der Name Juno in der
ganz allgemeinen Bedeutung der Himmelskönigin auch auf
die Herrin der Unterwelt übertragen ist.

Die gleiche Erscheinung aber zeigt sich auch in einigen
späteren Kunstdarstellungen, allerdings von untergeordneter
Bedeutung. Auf mehreren Gemmen [5]) erscheint der durch
den Blitz unzweifelhaft charakterisirte Jupiter in der Linken
mit dem Dreizack, im Begriff einen Wagen zu besteigen; ob

---

[1]) Carm. XVII, 282 und ähnlich X, 175 sq., wo die Nereiden sagen:
soror Amphitrite nostro nupta Jovi.

[2]) Aen. IV, 638; ebenso Ovid. Fast. V, 448; Sil. Ital. I, 386, bei dem
sich auch Tartareo Jovi findet, II, 674, wie bei Valer. Flacc. I, 730.

[3]) Paus. II, 24, 4; vgl. Welcker, Griech. Götterl. II, 214.

[4]) Verg. Aen. VI, 138; cf. Stat. Teb. IV, 526 sq. Stygiae Junonis;
Ovid. Met. XIV, 114 und Sil. Ital. XIII, 601 Junonis Avernae.

[5]) Overbeck, Griech. Kunstmyth., Bd. Zeus, Gemmentf. III, No.
7 und 8; im Text S. 529: „Inwiefern aber die Vorstellung griechisch
ist oder einer rein griechischen entspricht, ist eine andere Frage."

durch dies letztere Motiv und einen „Hund", der auf dem
einen Exemplar in sehr unscheinbarer Gestalt dabei sichtbar
ist, auch eine Beziehung auf Pluto angedeutet sein soll, möge
dahingestellt bleiben; unzweifelhaft aber ist die Verbindung
der Attribute des Jupiter und Neptun. Zu ihrer Erklärung
ist bei diesen unbedeutenden Arbeiten italischen Ursprungs
wohl kaum die griechische Vorstellung des Ζεὺς θαλάσσιος
in Anspruch zu nehmen, vielmehr dürfte hier jener spätere
Syncretismus zu Grunde liegen, nach welchem die Herrschaft
des Himmels und des Meeres als verschiedene Wesensseiten
des höchsten Gottes erscheinen, die sich durch eine Combi-
nation der Attribute künstlerisch an derselben Gestalt ausdrücken lassen, und zu ihrer Bezeichnung kann daher der
Ausdruck „tridentifer Jupiter", wie Sidonius ihn braucht, wohl
genügen.

Ein kunstmythologisches Interesse knüpft sich auch an
eine Stelle des Sidonius (IX, 203 sq.), in welcher von Ammon
die Rede ist:

Cinyphius Ammon, mitratum caput elevans arenis.

Wir haben vorher gesehen, dass die kürzeren oder aus-
führlicheren Schilderungen, welche Sidonius gelegentlich von
der Erscheinung eines Gottes giebt, immer nur die gewöhnlichsten Vorstellungen enthalten. Danach liesse sich bei
Ammon zur Charakteristik seines Aeusseren zunächst eine
Andeutung der Widderhörner erwarten, wie sie auch in der
That bei anderen Dichtern bei Erwähnung dieses Gottes gewöhnlich ist [1]). Doch ist davon bei Sidonius in diesem Fall
gewiss nichts zu finden, denn die Anmerkung Savaro's zu der
Stelle „id est caput arietinis cornibus insignitum" dürfte
kaum als richtige Erklärung von mitratum gelten können.

---

[1]) Claud. VIII, 143: corniger Ammon; ebenso Sil. Ital. III, 10;
XIV, 572 (corniger Jupiter III, 667), bei dem überhaupt die Erwähnung
dieses Gottes, wohl wegen des Gegenstandes seiner Punica, besonders
häufig ist.

Dies Epitheton weist vielmehr auf eine andere Eigenthümlichkeit des Gottes hin, welche auch an seinen Darstellungen hervortritt. Einige erhaltene Köpfe des Ammon [1]) zeigen ihn mit einer Stirnbinde im Haar, wie sie sonst den Wesen des Bacchischen Kreises eigen ist [2]), und welche daher auch Veranlassung gegeben hat, die Bezeichnung als Ammon für die Darstellungen dieser Art abzulehnen und sie jenem Kreise zuzuweisen [3]). Dem gegenüber lässt sich unsere Stelle als ein literarisches Zeugniss für eine solche Darstellungsweise des Gottes Ammon anführen und dient zur Bestätigung der Ansicht, welche über die Benennung dieser Köpfe Overbeck (a. a. O., S. 282 f.) vertreten hat, denn grade die sonstigen Eigenthümlichkeiten des Sidonius können verbürgen, dass er auch hier nicht eine exceptionelle, sondern eine für die Darstellung des Gottes in späterer römischer Zeit gewöhnliche Vorstellung im Sinne hat.

Zur Vervollständigung der bisherigen Bemerkungen über die Auffassung und Verwendung der Mythologie bei den römischen Dichtern möge hier noch ein kurzer Hinweis auf eine Art ihres Gebrauchs Platz finden, die innerhalb dieser Poesie eine der gewöhnlichsten und verbreitetsten ist: die mythologischen Vergleiche — nur um einige Berührungspunkte anzudeuten, welche auch diese mit gewissen Erscheinungen innerhalb der Monumente darbieten. Der Gebrauch solcher Vergleiche bei Horaz und den anderen Lyrikern seines Zeitalters ist bekannt genug, noch ausgedehnter finden wir ihn bei Statius und den späteren Dichtern; die Mythologie ist in ihren Händen eine Fundgrube für Vergleichungen

[1]) Overbeck, Griech. Kunstmyth., Zeus, S. 278 ff., besonders die Nummern 11, 18, 20, 50 ff.
[2]) Vgl. Burmann zu Valer. Flacc. II, 271.
[3]) Benndorf und Schöne, Lateran. Nr. 388.

jeder Art, welche sie anwenden, um das Aeussere einer Person, oder ihren Charakter, eine Handlung oder eine Situation in einer Jedermann geläufigen Weise gewählt und anschaulich zu bezeichnen. Sehr gewöhnlich sind Wendungen dieser Art bei Claudian; so vergleicht er den kleinen Honorius mit Jupiter, wie er jugendlich die Herrschaft der Welt antritt [1]), die kriegerische Entwickelung des jungen Kaisers mit der Jugend des Mars oder dem heranwachsenden Hercules und Apollo (ibid. 525 sqq.), ihn und seinen Bruder mit den Dioscuren (ibid. 206 sqq.). In ähnlicher Weise wird die Erscheinung des Stilicho mit dem Aufzug des Kriegsgottes verglichen [2]), während in anderen Fällen mythologische Parallelen zur Erläuterung einer Handlung dienen sollen; so lässt Claudian [3]) den Angriff des Alarich gegen Rom durch einen Vergleich mit dem Unterfangen des Phaethon charakterisiren, die Ueberwindung dieses und eines anderen gefährlichen Feindes feiert er unter dem Bilde des Gigantenkampfes (Carm. XXVII), während die Tapferkeit des Stilicho die Thaten des Hercules in Schatten stellt [4]) und über alle Helden des Mythos erhoben wird [5]). Sidonius ist auch hierin wiederum der Nachahmer Claudians und früherer Dichter, nur häuft er in seiner Weise die Vergleiche, vermischt Mythos und Geschichte und benutzt die Gelegenheit zur Entfaltung einer breiten, aber wohlfeilen mythologischen Gelehrsamkeit [6]).

Das gleiche Bestreben nun, das sich in diesem dichterischen Gebrauche zeigt, die Mythologie als Vorbild und Parallele menschlicher Verhältnisse zu benutzen, tritt auch in den

---

[1]) Carm. VIII, 197 sqq.
[2]) Carm. XXII, 367 sqq.; cf. III, 350 sqq.
[3]) Carm. XXVIII, 185 sqq.
[4]) Carm. III, 283 sqq.
[5]) So über die Argonauten Carm. XXVI, 13 sqq.; über Ulysses und Diomedes XXVIII, 470 sqq.; Perseus III, 278.
[6]) Charakteristische Stellen dieser Art sind unter anderen Carm. II, 489 sqq.; XIV, 12 sqq.; XI, 65 sqq. u. 86 sqq.; XXIII, 120 sqq.

Kunstwerken der römischen Zeit vielfach hervor; nur äussert
es sich hier meist in entgegengesetzter Weise, indem in die
Darstellung mythologischer Gegenstände die Gestalten eingeführt
werden, auf welche die betreffende Darstellung als mythologische
Parallele bezogen werden soll, oder welche allgemeiner und
indirect die Andeutungen einer solchen Beziehung enthalten.
Die bekannteste Erscheinung dieser Art ist das Anbringen
von Porträtfiguren auf römischen Sarkophagen mythischen Inhalts [1]).

So finden wir auf Endymionsarkophagen und auf einem
mit dem Mythos der schlafend von Dionysos überraschten
Ariadne, die Hauptperson mit Porträtzügen dargestellt, vielleicht nicht nur, um die Person, zu deren Aufnahme der Sarkophag bestimmt war, in einer Haltung anzubringen, welche
„ein liebliches Bild des Todes gab“, sondern wohl noch mehr,
um das schmeichelhafte Bild der vom Gotte aufgesuchten Ge-
liebten auf sie anzuwenden, ganz wie Statius (Silv. I. 2,
131 sq.) zum Preise der Braut in seinem Epithalamium sagt:

in littore Naxi
Theseum juxta foret haec conspecta cubile,
Gnossida desertam profugus liquisset et Evan.

Deutlicher noch ist eine Beziehung dieser Art, wenn auf
Sarkophagen Alkestis oder Laodameia als Porträts erscheinen,
dieselben mythologischen Gestalten, die auch z. B. Claudian [2])
als Vorbilder treuer und aufopfernder Gattenliebe anführt,
welche aber von Serena, deren Lob er singt, noch übertroffen
werden.

Bei den Darstellungen des Hippolytos bot gewiss zunächst
der Charakter des kühnen Jägers die Veranlassung, einen

---

[1]) Die meisten Beispiele sind gesammelt von Jahn, Archaeol. Beiträge, S. 298 f., Anm. 131.
[2]) Carm. XXIX, 12 sqq. u. 150 sq.; cf. Sid. Carm. XI, 67; XV,
165 sqq.

Römer unter seinem Bilde einzuführen [1]); aber auch hier er-
höht die Situation des Jünglings, der eine so wahnsinnige
Liebe erweckt und sie stolz zurückweist, den Werth des Ver-
gleichs, — ein Gedanke, den in gezierter Verdrehung Sidonius
zur Verherrlichung der Iberia anwendet (Carm. XI, 76 sqq.):

> Thermodoontiaca vel qui genetrice superbus
> sprevit Gnosiacae temeraria vota novercae,
> hac visa occiderat, fateor, sed crimine vero.

Die Absicht, den Darstellungen des Hippolytos und
Meleager eine Wendung zu geben, welche diese Heroen als
Vorbilder mannhafter Tüchtigkeit erscheinen lässt, liegt auch
der Einführung der Virtus auf den Sarkophagen dieses Gegenstandes (s. oben S. 26) zu Grunde, und grade das berechtigt
uns, in dieser Gestalt ein specifisch römisches Einschiebsel zu
erkennen. Im Mythos ist der Charakter jugendlichen Helden-
muthes bei Meleager sowohl als bei Hippolytos so wesentlich
und so selbstverständlich, dass ein Hervorheben dieser Eigen-
schaft bei einer Darstellung ihrer Mythen ohne weitere Neben-
absicht kaum am Platze wäre; dagegen ist es erklärlich,
sobald man diesen Darstellungen eine Andeutung hinzufügen
wollte, dass sie als Vergleich auf menschliche Personen zu
beziehen seien. Ebenso dient Adonis, den die Liebesgöttin
selbst von seiner muthigen Jagdlust nicht zurückzuhalten ver-
mag, als mythisches Vorbild eines römischen Jünglings, indem
dessen Züge auf ihn übertragen werden; den weiteren Sinn
aber, der in dieser Vorstellung enthalten ist, spricht schon
Ovid aus, wenn er in der Elegie auf den Tod Tibulls
(Amor. III. 9, 15 sq.) den verstorbenen Dichter der Venus
durch das gleiche Bild als Götterliebling erhebt:

> nec minus est confusa Venus moriente Tibullo,
> quam juveni rupit cum ferus inguen aper.

---

[1]) Jahn, Arch. Beitr., S. 312, Anm. 38; jetzt ist noch der Sarkophag von Salona hinzuzufügen: Conze, Röm. Bildw. einheim. Fundorts
in Oesterreich. Heft I, Taf. 1, und vgl. die treffenden Bemerkungen
dazu S. 9.

Zahlreich sind die Bildwerke [1]), welche inmitten von
Sarkophagen mit Meerwesen Venus in der Muschel darstellen,
und nicht selten tritt dabei an Stelle der Göttin das Bild
der verstorbenen Person selbst, eine Uebertragung, deren Bedeutung unmittelbar verständlich ist und die sich wiederum
auch dichterisch ausgesprochen findet bei Statius (Silv. I,
2, 117 sq.), wo Venus selbst die Schönheit einer Jungfrau
preist:

> haec et caeruleis mecum consurgere digna
> fluctibus et nostra potuit considere concha.

Diesen mythologischen Vergleichen nahe verwandt sind
die Darstellungen, in denen menschliche Gestalten zu ihrer
Verherrlichung in eine mythische Umgebung aufgenommen
sind, ohne grade mit ihr identificirt zu werden, wie auf den
Sarkophagen, welche Porträtfiguren mit dem Chor der Musen
verbunden zeigen [2]). Offenbar soll durch die Versetzung in
diesen Kreis die betreffende Person als Dichter bezeichnet
werden, der sich der Gunst und des Umgangs der Musen
rühmen konnte, ebenso wie Statius in dem genethliacon
Lucani [3]) den Dichter feiert, den schon als zartes Kind die
Muse in den Schooss genommen hat. Dasselbe poetische Bild
wird auch in anderer Verbindung gebraucht; so sagt Claudian [4]) von Honorius, dass er im Schoosse der Diana und
Minerva aufgewachsen sei, und um die Anmuth der Serena zu
schildern, dass die Horen sie aufgezogen und die Grazien sie
reden gelehrt haben. Aehnliche Vorstellungen haben auch
künstlerisch Ausdruck gefunden; die Verbindung einer Sterb-

---

[1]) Jahn, Ber. der Sächs. Ges. d. W. Phil.-hist. Cl., 1854, S. 182,
Anm. 100 u. 101.

[2]) Z. B. Annali dell' Inst. 1861, tav. d'agg. H; vgl. dazu Wieseler, ibid., p. 124, und n. 1 die verschiedenen Ansichten der Er-
klärer.

[3]) Silv. II, 7, 36 sqq; ähnliche Wendungen finden sich auch sonst,
es braucht nur an Hor. Od. IV, 3, 1 sq. erinnert zu werden.

[4]) Carm. VIII, 159 sqq., und Carm. XXIX, 86 sqq.

lichen mit den Grazien zur Verherrlichung ihrer Schönheit und Anmuth zeigt z. B. ein römisches Grabrelief in Berlin [1]), das die Verstorbene als „vierte Grazie" neben den drei Göttinnen sitzend darstellt mit der Unterschrift „ad sorores".

Diese Art der Verwendung mythologischer Gegenstände in der römischen Poesie und Kunst, für die sich leicht weitere Beispiele auffinden liessen, schliesst sich in der Auffassung, aus welcher sie hervorgegangen ist, ganz an die im Vorhergehenden betrachteten an. Das Wesentliche dieser römischen Auffassung, im Gegensatz zur griechischen, beruht auf einer von Grund aus veränderten Stellung zur Mythologie: die römischen Dichter schalten mit ihr fast wie die modernen, indem sie sie bald in rein decorativer Weise, bald zu verstandesmässigem Gedankenausdruck, bald in allegorischem Sinne verwenden. Nach allem Bisherigen ist wohl kaum mehr der Einwand zu erwarten, dass ein solches Verhältniss zur Mythologie nur als eine Eigenthümlichkeit jener späteren Dichter gelten könne, von deren Betrachtung wir hier zunächst ausgegangen sind; vielmehr ist bekannt, dass eine derartige Auffassung und Verwendung mythologischer Gegenstände durch die ganze römische Poesie hindurchgeht und wesentlich mit zur Charakteristik derselben dient, und da wir die gleiche Auffassung auch in Kunstwerken von ausgeprägt römischem Charakter zu Tage treten sehen, sind wir berechtigt, in ihr einen Ausdruck specifisch römischer Anschauungen zu erkennen.

Der Grund dieser Erscheinung dürfte darin zu suchen sein, dass die mythologischen Vorstellungen, welche die römischen Dichter und Künstler verarbeiten, bei ihnen nicht in einer eigentlich religiösen Grundlage wurzeln. Mit dem Eindringen der griechischen Cultur werden den Römern durch Literatur und Kunst die Gegenstände der griechischen Mythen überliefert, und zwar schon in der veränderten Gestalt, die sie

---

[1]) Gerhard, Berlins ant. Bildw., S. 125, Nr. 340; abgeb. Beger, Thesaurus Brandenb., vol. III, p. 272.

in der alexandrinischen Periode durch die Loslösung von der unmittelbaren, gläubigen Volkstradition und die Auffassung eines reflectirenden Zeitalters erhalten hatten. Für das römische Bewusstsein hat diese Mythologie niemals eine eigentlich religiöse Geltung gewonnen, vielmehr nur auf die eigenen, nationalen Religionsvorstellungen verflachend und zersetzend einwirken können.

Der Charakter dieser ursprünglichen römischen Vorstellungen ist, entsprechend der ganzen Richtung der römischen Religion, welche weniger einer poetischen als einer dogmatischen Gestaltung fähig war, ein vorwiegend abstracter oder begrifflicher; bezeichnend dafür ist der bekannte Gebrauch der Götternamen als Appellativa, die Verwendung des Namens eines Gottes zur Bezeichnung des Elementes oder Gegenstandes, als dessen Vertreter er galt: Vulcan für das Feuer, Neptun für das Meer, Ceres für Getreide, Bacchus für Wein etc., eine Erscheinung, welche innerhalb der römischen Mythologie von ganz anderer Bedeutung ist als einzelne Analogien, z. B. der metonyme Gebrauch von Ἄρης bei Homer für die griechische Diese abstractere Auffassung, welche den Wesen der römischen Mythologie von Haus aus zu Grunde liegt, hat sich zum grossen Theil auch auf die griechischen Vorstellungen mit übertragen, welche die römischen Dichter und Künstler sich aneigneten, und hierin liegt der Grund jener Neigung, die wir vorher sowohl in der Poesie als auch in der bildenden Kunst zu bemerken hatten, die Gestalten und Gegenstände der griechischen Mythologie mehr in begrifflicher Weise aufzufassen, als in ihrer eigentlichen religiösen oder poetischen Bedeutung. So ist leicht zu sehen, wie z. B. die Verwendung des griechischen Zeustypus zur Andeutung des materiellen Elementes des Himmels ganz der römischen Auffassung des Gottes entspricht, welche der Horazische Ausdruck „sub Jove frigido" erkennen lässt [1]). Dieselbe Tendenz der römischen Kunst äussert sich

---

[1]) Hor. Od. I, 1, 25; bei der charakteristischen Zusammenstellung

7 *

auch durch das Bestreben, in die Darstellungen griechischer Mythen die begrifflichen Vertreter der Elemente und der kosmischen oder tellurischen Erscheinungen einzuführen, jene Personificationen von Himmel und Erde, Meer und Luft, Winden und Sternen, welche besonders in der Sarkophagbildnerei eine so grosse Rolle spielen und wesentlich mit zu dem befremdenden Eindruck innerer und äusserlicher Ueberladung beitragen, welchen manche dieser Monumente erwecken.

Ein weiteres Moment, das bei der Bildung der in der römischen Kunst und Poesie hervortretenden mythologischen Anschauungen mitgewirkt hat, besteht in der Uebertragung göttlicher Ehren und Eigenschaften auf Menschen. Es ist hinlänglich bekannt, wie diese Sitte seit der Zeit Alexanders zum Theil unter dem Einfluss orientalischer Vorstellungen aufgekommen ist und sich zunächst in der göttlichen Verehrung der Person des Herrschers, im Anknüpfen mythischer Genealogien und in der Apotheosirung äussert; in der Kunst tritt dasselbe zu Tage in den Darstellungen menschlicher Gestalten unter dem Typus oder mit den Attributen bestimmter Götter. Diese Verwischung der Grenzen zwischen mythologischen und menschlichen Wesen, von welcher besonders die Münzen der hellenistischen Zeit so vielfach Zeugniss ablegen, ist mit der Uebertragung griechischer Anschauungen auf die Römer übergegangen [1]) und tritt hier zunächst in den Producten der höfischen Kunst hervor, deren Verwandtschaft mit

---

„nebulae malusque Juppiter" (Od. I, 22, 19) können wir uns des „bösen" Jupiter erinnern, welcher auf der Trajanssäule (oben S. 42 f.) das über die Feinde hereinbrechende Unwetter vorstellt (noch bezeichnender ist Stat. Theb. II, 153 sq. per imbres fulminibus mixtos intempestumque Tonantem). Wendungen mit sub Jove sind sehr häufig z. B. bei Ovid Metam. IV, 260; Ars am. I, 726; Fast. II, 138 u. 299; III, 527; IV, 505. Claud. LXXIV, 2 Scythico sub Jove; I, 36 sq. und dazu C. Barthius (p. 16 seiner Ausgabe).

[1]) Dass den Römern ursprünglich auch das griechische Heroisiren der Verstorbenen fremd war, betont Mommsen, Röm. Gesch. (6. Aufl.) I, S. 166; im Uebrigen vgl. Jahn, Popul. Aufs., S. 285 ff.; Helbig Untersuchungen, S. 50 f.

Werken der Diadochenzeit vielleicht weniger auf unmittelbarer Nachahmung beruht, als darauf, dass die Ausübung der Kunst in einem monarchischen Staat, im Dienste prunkliebender Fürsten unter ähnlichen Bedingungen dort und hier ähnliche Erscheinungen zu Tage fördern musste; indessen ist bei den Römern diese Anwendung der Mythologie nicht auf die Person des Kaisers und die Mitglieder seines Hauses beschränkt geblieben. Hieraus erklärt sich zum grossen Theil jene Vermischung von Mythologie und Wirklichkeit, welche wir in der römischen Poesie und Kunst so vielfach zu bemerken hatten. Es liegt auf der Hand, wie sehr die Darstellung menschlicher Gestalten im Bilde einer Gottheit zur Lockerung der mythologischen Vorstellungen beitragen musste; indem man in den Mythos eines Gottes oder Heroen einen Menschen an dessen Stelle einführte, wird die mythologische Handlung wie ein Gleichniss' auf diesen übertragen und somit die eigentliche Substanz des Mythos selbst zersetzt, um seine Elemente zum allegorischen Ausdruck eines bestimmten Gedankens zu verwenden. — Von den Erscheinungen, welche sich daraus ergeben, hat einige charakteristische Beispiele Brunn in seinem Vortrage „über zwei Triptolemosdarstellungen" [1] behandelt, und ich gestehe gern, dass ich gerade diesem Aufsatz nicht nur die Anregung, sondern auch den leitenden Gesichtspunkt meiner Arbeit verdanke.

---

[1] Sitzungsber. d. Münch. Akad. Phil. hist. Cl. 1875, I, S. 17 ff.

V.

Eine besondere Betrachtung erfordert schliesslich noch wegen einiger Kunstbeschreibungen, welche darin enthalten sind, ein Gedicht des Sidonius: das Epithalamium des Polemius und der Araneola (Carm. XV). Dies Gedicht ist in seiner ganzen Anlage und Ausführung vielleicht am meisten bezeichnend für die poetische Kunst des Sidonius; der Gedanke, welcher das Wesentliche der Composition ausmacht, ist deutlich als eine Nachahmung zu erkennen, und die Ausführung dieses entlehnten Motivs besteht fast nur in einer Reihe wortreicher Schilderungen in der gewöhnlichen Weise unseres Dichters.

Von dem sonst beliebten Schema der Epithalamien [1] weicht dieses besonders darin ab, dass hier nicht Venus, sondern Minerva den Liebesbund vermittelt; der Grund davon liegt darin, dass der Freund, dessen Hochzeit gefeiert werden soll, „Philosoph" ist oder doch dafür ausgegeben wird. Ihm zu Ehren lässt Sidonius im Eingang dieses Gedichtes die Göttin der Weisheit auftreten; dann spricht er von zwei Tempeln: in dem einen sind alle Philosophen enthalten, welche von den sieben Weisen an bis auf die späteren griechischen Schulen mit ihren Namen und Lehren aufgezählt werden.

---

[1] Vgl. oben S. 78 f.; Wernsdorf, Poetae lat. min. IV, p. 467 sqq.

Damit ist dem Ruhme seines philosophischen Freundes genug
geschehen; zur Verherrlichung der Braut muss ihr Name her-
halten, aus welchem Sidonius die Geschicklichkeit des Spinnens
und Webens ableitet, und so geht er] nach jenem Abriss der
Geschichte der griechischen Philosophie plötzlich zur Schilderung kunstreicher Gewebe über (126 sq.):

> at parte ex alia textrino prima Minervae
> palla Jovis rutilat.

Die Darstellungen dieses Gewandes beschreibt der Dichter,
aber nur, um dann fortzufahren, dass diese Arbeit der Minerva
von der Kunstfertigkeit der Araneola noch weit übertroffen
werde, denn diese ragt hervor unter allen Jungfrauen und lässt
selbst Minerva im Wettstreit des Webens hinter sich:

> (149) cum tenet haec telas, vult haec plus tela tenere [1]).

Es ist dies dasselbe Unternehmen, das in der bekannten Erzählung Ovids (Metam. VI, 1 sqq.) einer anderen Sterblichen,
der Arachne, zum Verderben ausschlägt, welche die erzürnte
Göttin dafür in eine Spinne verwandelt, und es ist deutlich
zu erkennen, dass hieraus überhaupt diese ganze Idee des
Sidonius hervorgegangen ist. Der Inhalt der Darstellungen,
die er bei dieser Gelegenheit beschreibt, ist allerdings von
denen Ovids in bestimmter Weise absichtsvoll verschieden:
Sidonius lässt die Braut, welche er feiern will, in ihr Pracht-
gewand solche Gegenstände einweben, welche als Beispiele
treuer Gattenliebe im Alterthum berühmt waren, während bei
Ovid die übermüthige Arachne Liebesabenteuer darstellt, in
denen die Götter als listige Frevler gegen Menschen erscheinen, Minerva dagegen solche Scenen, in welchen Sterb-
liche, die sich gegen die Götter auflehnen, bestraft werden

---

[1]) Selbst dieser Wortwitz ist nicht von Sidonius' eigener Erfindung,
sondern eine Nachahmung von Claudian XVIII, in Eutrop. I, 274:
tu telas, non tela pati.

und als Hauptbild ihren Streit gegen Poseidon, aus dem sie selbst als Siegerin hervorgeht.

Die letztere Schilderung Ovids ist neuerdings zu einer gewissen unverdienten Berühmtheit gelangt durch den Versuch Stephani's [1]), sie als eine genaue Beschreibung der Darstellung dieses Gegenstandes im westlichen Parthenongiebel hinzustellen; aus ihr hat Sidonius das Bild der Göttin Minerva entnommen, das er im Eingang seines Gedichtes entwirft: eine der ausgeführtesten Schilderungen dieser Art, die sich bei einem römischen Dichter findet, auf welche hier hingewiesen werden mag, da die Befürchtung nicht ausgeschlossen erscheint, dass in ihr noch einmal die Beschreibung eines bestimmten Kunstwerkes entdeckt werden könnte.

Sidonius schildert die Göttin, wie sie in lebhafter Erregung den attischen „Hymettus" aufsucht: sie trägt auf dem Haupt den Helm von vergoldetem Erz, die Gorgo auf der Brust und ist mit einem langen, bis auf die Füsse reichenden Gewande bekleidet. dessen starre Falten bei jedem Schritt rauschen; die Rechte führt die Lanze, in der Linken hält sie den Schild, der mit einer Darstellung der Gigantenschlacht verziert ist. Diese Beschreibung trifft mit allbekannten Darstellungen der Göttin, vor Allen mit der berühmtesten unter ihnen, der Parthenos des Phidias, so überein, dass hier in der That der Gedanke nahe zu liegen scheint, dass sie aus einer Erinnerung an dies Kunstwerk oder eine Nachbildung desselben

---

[1]) Stephani (Compte rendu 1872, S. 79 ff.) spricht von dieser Schilderung eines römischen Dichters, als ob wir in ihr ein Gegenstück zu Pausanias' Beschreibung der Tempelgiebel in Olympia oder der Polygnotischen Gemälde in Delphi vor uns hätten, und nach der präcisen und schlagenden Entgegnung von Petersen (Archäol. Zeitg. 1876, S. 115 ff.) folgt ihm die jüngste Besprechung: Schönfeld, Ovid's Metamorph. in ihr. Verhältniss zur ant. Kunst (S. 14—46!) wieder allen Ernstes auf dies Gebiet, ohne zu bedenken, dass der Dichter, welcher diesen Mythos als Inhalt eines Bildes beschreiben wollte, sich in vielen Fällen kaum anders ausdrücken kann, als ein Künstler, der denselben Gegenstand darzustellen hat.

hervorgegangen sei. Mit einer solchen Annahme wäre nun
zwar in diesem Fall weder viel gewonnen, noch auch viel
geschadet, doch ist es vielleicht nicht überflüssig, an diesem
Beispiel das Trügerische eines derartigen Schlusses überhaupt
hervorzuheben.

Sehen wir zunächst von dem Schild mit der Gigantenschlacht ab, so gehören die übrigen Züge fast immer, auch
der allgemeinsten Vorstellung nach, zu dem Bilde der Göttin:
Aegis, Helm und Lanze hebt auch Ovid an der Stelle hervor,
welche Sidonius hier vor Augen hat [1]), und eben so erscheint
Minerva in einer ähnlichen Schilderung Claudians [2]) mit Gorgo
und Lanze, auf dem Haupt den Helm, der mit einem über-
wältigten Giganten verziert ist. Dies ist für die siegreiche
Göttin ein so naheliegender Schmuck, dass es nicht auffallen
kann, wenn Sidonius denselben Gegenstand, die Ueberwindung
der Giganten, in seiner Weise auf dem Schild der Minerva
anbringt; eine Reminiscenz an ein bestimmtes Kunstwerk ist
hierin um so weniger zu erkennen, als die Gigantenschlacht zu
den Bildern gehört, die Sidonius in seinen Gedichten wiederholt verwendet. Dieselbe Schilderung finden wir in ganz
ähnlicher Form bei ihm noch an zwei anderen Stellen [3]), von
welchen sich diejenige, welche er als Schildbeschreibung ausgiebt, durchaus nicht etwa in der Weise unterscheidet, dass
hier die künstlerisch darstellbaren Motive besonders hervor-
träten; vielmehr ist diese, wie die anderen blosse Erzählung,
welche durch Claudians Gigantomachie beeinflusst und ganz

---

[1]) Metam. VI, 78 sqq. Die Nachahmung des Sidonius zeigt sich
hier auch in den Worten, mit denen er seine Schilderung schliesst (34 sq.):

hoc steterat genio, super ut vestigia divae
labentes teneat Marathonia bacca trapetas,

deren Bedeutung an dieser Stelle schwer verständlich ist; sie erklären
sich, wenn man sie als eine, allerdings übel angebrachte Nachahmung
der Ovidischen Verse 80 sq. betrachtet.

[2]) Carm. XXXV de raptu Proserp. II, 21 sqq.

[3]) Carm. VI, 15 sqq. und IX, 73 sqq.

in der bekannten Weise unseres Dichters ausgeführt ist [1]).
Daraus ist leicht zu ersehen, dass es ihm hier nicht sowohl
darauf ankam, die Darstellung eines Schildes zu beschreiben,
als vielmehr auf die Gelegenheit, eine Schilderung anzubringen,
wie er sie zur Verlängerung und Ausschmückung seiner Gedichte mit Vorliebe aufsucht.

Derselben Neigung haben wir ohne Zweifel auch die
ausführliche Beschreibung des Gorgonenhauptes auf der Brust
der Göttin (7 sqq.) zu verdanken; Sidonius schildert in gesuchten Antithesen die erstarrende Wirkung des todten Bildes und den Gegensatz zwischen seiner lebendigen Schönheit
und dem grauenhaften Eindruck des Schlangenhaars. Das
Vorbild dazu findet sich bei Statius (Theb. I, 544 sqq.), der
die ähnliche Beschreibung eines Medusenhauptes als Darstellung
auf einer goldenen Schale giebt.

Einige weitere Schildbeschreibungen finden sich noch bei
Sidonius in jenen oben besprochenen Schilderungen der Göttin
Roma; er giebt hier von den Darstellungen ihres Schildes das
eine Mal (Carm. II, 395 sq.) nur ganz kurz den Gegenstand an:

> illius orbem
> Martigenae, lupa, Tibris, amor, Mars, Ilia complent,

den er an der anderen Stelle (Carm. V, 22 sqq.) weiter ausmalt, mit dem ausgeführten Bilde des Flussgottes, von welchem vorher die Rede gewesen ist. So wie dieses aus Claudian entlehnt war, so stammt auch die ganze Schildbeschreibung
aus dieser Quelle (Claud. I, 94 sqq.); der Inhalt derselben ist
für die Göttin Roma der nächstliegende und natürlichste, ein
Theil davon: die säugende Wölfin mit den Zwillingen, findet
sich schon bei Vergil [2]) auf dem Schilde des Aeneas, und wenn

---

[1]) Ein Nachahmung O v i d s zeigt sich dabei noch in den Versen 23 sq.:

hic Pallas Pallanta petit, cui Gorgone visa
invenit solidum jam lancea tarda cadaver.

Dies Motiv findet sich schon Metam. V, 200 sqq. in der Schilderung des
Kampfes des Perseus gegen Phineus und seine Genossen.

[2]) Aen. VIII, 630 sqq. und ebenso auf dem Schilde des Flaminius
bei S i l i u s I t a l. V, 142 sqq.

wir dieselbe auch in einer Darstellung der Göttin Roma [1])
auf ihrem Schilde angebracht finden, so werden wir den Grund
dieser Uebereinstimmung eher in der Trivialität des Gegenstandes, als in der Erinnerung an ein solches Kunstwerk von
Seiten jener Dichter zu suchen haben.

Ueberhaupt sind, seit V e r g i l diesen Gegenstand aus der
griechischen Poesie herübernahm, Kunstbeschreibungen aller
Art bei den römischen Dichtern sehr beliebt; eine charakteristische Aeusserung über den Werth solcher Darstellungen
findet sich bei Claudian (XXI, 104 sq.):

> Mulciber auctor mendacis clipei, fabricataque vatibus arma.

Als eine durchgehende Eigenthümlichkeit aller dieser römischen
Schilderungen von Waffen und Geräthen [2]) oder von plastischen
und malerischen Darstellungen an Gebäuden [3]) erscheint das
Hervortreten des rein stofflichen Interesses, durch das in der
Regel diese Episoden herbeigeführt sind und welches die
Rücksicht auf künstlerische Darstellbarkeit meist ganz zurück-
drängt: fast überall finden wir den absichtsvoll gewählten
Inhalt solcher Darstellungen in einer durchaus erzählenden
Weise vorgetragen.

Eine gewöhnliche Art dieser Kunstbeschreibungen ist die

---

[1]) Auf dem Relief von der Basis des Antoninssäule, vgl. oben
S. 24 f.

[2]) V e r g i l beschreibt die Waffen des Turnus Aen. VII, 785 sqq.; des
Aeneas VIII, 620 sqq.; cf. H e y n e , Excurs IV ad lib. VIII (vol. III,
p. 713 sqq. seiner Ausgabe); für den römischen Charakter dieser Schild-
beschreibung ist unter Anderem die Einmischung von Göttergestalten und
Wesen wie Discordia und Bellona in die historische Darstellung be-
zeichnend; die ausgeführteste Nachahmung davon ist der ,,Schild des
Hannibal‘‘ bei S i l. I t a l i c. II, 395 sqq. Ausserdem Aehnliches bei O v i d ,
Met. V, 187 sqq.; XIII, 680 sqq.; S t a t., Theb. I, 543 sqq.; C l a u d i a n
XXVIII, 167 sqq.

[3]) V e r g i l , Aen. I, 455 sqq.; VI, 20 sqq.; Georg. III, 26 sqq.;
O v i d , Met. II, 5 sqq.; V a l e r. F l a c c. I, 129 sqq.; V, 417 sqq.; S i l.
I t a l i c. VI, 653 sqq.; III, 32 sqq.

Schilderung verzierter Gewebe [1], und eine solche finden wir schon von Catull in seinem „Epithalamium des Peleus und der Thetis" (Carm. LXIV, 50 sqq.) in der blossen Absicht angebracht, um zu der Erzählung eines Mythos Gelegenheit zu gewinnen, den er in der kunstvollen Composition dieses Gedichtes verwenden wollte. Die Darstellung dieses Mythos auf einem gewebten Purpurstoff ist ihm nur eine Form der Einkleidung zu diesem Zweck, auf welche er bei der Ausführung nicht weiter Rücksicht nimmt; es bezeugt dies, was auch erhaltene Beispiele bestätigen, dass schon die alexandrinischen Vorbilder der römischen Dichter Kunstbeschreibungen dieser Art anwendeten, um mythologische Erzählungen in ihre Gedichte einzuflechten.

Von den späteren Dichtern liebt besonders Claudian [2] die Schilderungen kunstvoll gewebter oder gestickter Gewänder; aber was er am meisten an ihnen hervorzuheben weiss, ist gewöhnlich nur die Pracht und Kostbarkeit des Materials: Purpur mit Goldfäden durchwebt und mit Edelsteinen oder Perlen besetzt. Dieser Zug ist bezeichnend für den römischen Geschmack und findet sich fast durchgehend in dichterischen Schilderungen dieser Art [3], ebenso wie bei den Beschreibungen künstlerischer Darstellungen ein anderer immer wiederkehrt: das Hervorheben der täuschenden Naturwahrheit [4], in welcher

---

[1] Vergil, Aen. V, 250 sqq.; und die Nachahmungen dieser Stelle bei Valer. Flaccus II. 410 sqq. und Sil. Ital. XV, 425 sqq. Bei Stat. Theb. VI, 540 sqq. wird ein Gewand mit der Darstellung von Hero und Leander beschrieben, u. dergl. mehr.

[2] Vgl. I, 177 sqq.; VIII, 585 sqq.; XXVIII, 165 sq.; XXXV, 33 sqq.; ausführlichere Schilderungen XXII, 340 sqq.; XXXIII, 246 sqq. Friedländer, Ueber den Kunstsinn der Römer, S. 28 ff.

[3] Vgl. Vergil, Aen. I, 639 sqq. 726 sqq.; III, 464 sqq.; IV, 134 sqq.; Stat. Silv. I, 3, 48 sqq.; 5, 34 sqq.; Sid. V, 34 sqq.; XI, 94 (vgl. XVII, 5 sqq. u. XXIII, 52 sqq., wo 57 asarotici lapilli nach Stat. Silv. I, 3, 56). Dasselbe zeigt sich bei den Phantasiegebilden fingirter Tempel und Paläste, welche die römischen Dichter mit Vorliebe ausmalen, z. B. Ovid, Met. II, 1 sqq.; Stat. Silv. I. 2, 148 sqq.; Claudian X, 85 sqq.; Sid. II, 418 sqq.; XI, 15 sqq.

[4] Z. B. Ovid, Met. VI, 104; Stat. Theb. I, 545 sqq.; VI, 545;

nach römischen Begriffen das besondere Verdienst eines Kunstwerkes zu suchen ist.

Für die Darstellungen der Gewebe, welche Sidonius in seinem Epithalamium des Polemius und der Araneola beschreibt, ist als nächstes Vorbild Ovid in Betracht zu ziehen, den er, wie wir sahen, an dieser Stelle nachahmt; ausserdem aber zeigt sich hier in einigen Gegenständen eine Uebereinstimmung mit den Philostratischen Gemäldebeschreibungen, die wohl kaum als ganz zufällig betrachtet werden kann [1]).

Das erste der von Sidonius beschriebenen Bilder stellt Glaucus dar (132 sqq.):

> hic viridis patrio [2]) Glaucus pendebat amictu;
> undabant hic arte sinus, fictoque tumore
> mersabat pandas tempestas texta carinas.

Dem Inhalt nach fügen sich diese Verse sehr wohl zu einer einheitlichen Darstellung zusammen, und wenn Sidonius sie als zwei getrennte ausgiebt, indem er die nächstfolgende als „tertia vestis" anführt, so ist dieser Ausdruck ohnehin sehr schief, da hier überhaupt nur von den Darstellungen eines einzigen Gewandes die Rede sein soll, das er vorher als „palla Jovis" bezeichnet hat. Nehmen wir aber diese Darstellung als eine zusammenhängende, so haben wir hier Glaucus

---

Sil. Ital. II, 430 sq. Sid. XV, 30 sq.; XXII, 160 sqq. Oefters Ausdrücke wie spirantia signa Verg., Aen. VI, 847 sq.; Georg. III, 34; Claudian VIII, 592; XXVI, 612; vivida signa bei Prop. II, 31 (III, 29 L. Müller), 8. Vgl. Friedländer a. a. O. S. 21. 37.

[1]) Die Vorbedingung für eine Benutzung dieser Quelle, die Kenntniss des Griechischen ergiebt sich für Sidonius aus Ep. IV, 12 (vgl. dazu Savaro, p. 268 seiner Ausg.), wo er von seiner Lectüre des Menander spricht. Philostrat selbst nennt Sidonius einmal nur ganz beiläufig (Ep. VIII, 3): Apollonii Pythagorici vitam, non ut Nicomachus senior e Philostrati, sed ut Tascius Victorianus e Nicomachi schedio exscripsit. — Zu Phil. imag. II, 2 führt Welcker, Sidon. Carm. IX, 130 sqq. an.

[2]) Es dürfte schwer halten, in diesem Wort einen passenden Sinn zu finden; ich vermuthe, dass es verdorben und dafür prasino zu lesen ist: im grünlichen Gewande.

mit einem Schiff im Meere und damit im Wesentlichen den
Inhalt eines Philostratischen Bildes (II, 15), in welchem die
Erscheinung dieses Meergottes vor den erstaunten Schiffern
der Argo beschrieben ist. Dieser Mythos ist der einzige, der
sich zur Erklärung der von Sidonius angedeuteten Situation
anführen lässt, während Ovids Erzählung (Met. XIII, 904 sqq.)
keinerlei Anhalt dafür bietet; es ist daher sehr wahrscheinlich, dass ihn Sidonius hier im Sinne hatte.

Das nächste Bild zeigt Hercules, wie er als Kind die
Schlangen würgt (136 sqq.):

> parvulus hic gemino cinctus serpente novercae
> inscius arridet monstris, ludumque putando
> insidias dum nescit amat, vultuque dolentis
> extingui deflet, quos ipse interficit angues.

Dieselbe Scene ist Gegenstand eines bekannten Philostratischen Gemäldes (Jun. 5), in welchem ausser dem kleinen
Helden selbst noch die erschrockene Alkmene mit Dienerinnen
und Amphitryo mit bewaffneten Thebanern zugegen ist, während Tiresias weissagt und die Gestalt der Nacht mit einer
Fackel das Abenteuer beleuchtet. Bei Sidonius finden wir
von alledem nur die Hauptperson, den kleinen Hercules, der
lachend und wie im Spiel die beiden Schlangen überwindet,
ganz wie Philostrat sagt: ἀθύρεις, Ἡράκλεις, ἀθύρεις, καὶ
γελᾷς ἤδη τὸν ἄθλον. Dies Motiv malt dann Sidonius noch
weiter aus, um den Gegensatz zwischen dem zarten Alter des
Kindes und der Grösse der Aufgabe, die es bewältigt, in seiner
Weise auszubeuten; darum schildert er den Kleinen ahnungs-
los und sogar traurig über den Tod der Schlangen, welche er
erdrückt, wie über den Verlust eines Spielzeugs, so dass er
zugleich lacht und weint. Diese letztere, epigrammatisch zu-
gespitzte Wendung ist charakteristisch für Sidonius und gewiss
von seiner eigenen Erfindung, auch den Epigrammen über
diesen Gegenstand [1]) ist sie fremd und ebenso den zahlreich

---

[1]) Anth. Planud. IV, 90; Martial XIV, 177.

erhaltenen Darstellungen [1]), welche meist den derben Jungen
mit vollem Gesicht lachend zeigen; den Gedanken dazu
aber hat Sidonius vielleicht aus einer Stelle des Statius (Silv.
III, 1, 47 sq.) entnommen, in der es von Hercules heisst:

parvus adhuc, similisque tui, cum prima novercae
monstra manu premeres, atque exanimata doleres.

Auf dies Bild folgt eine Darstellung von ganz anderer
Art: eine Aufzählung von Thaten des Hercules, zu welcher
offenbar nur die Erwähnung jenes ersten Abenteuers den An-
lass geboten hat. Dasselbe Thema behandelt Sidonius noch
an zwei anderen Stellen seiner Gedichte [2]) ganz in der gleichen Manier und zum Theil wörtlich übereinstimmend; er
beabsichtigt damit also auch hier nichts als einen seiner beliebten Gegenstände bei dieser Gelegenheit nochmals anzubringen.

Sodann werden die Gemälde beschrieben, welche Araneola
im Wetteifer mit der Göttin gewebt hat; als Inhalt ihrer
Darstellungen bezeichnet Sidonius entsprechend der Stellung
der Braut „quod priscis illustre toris"; die erste davon führt
die Treue der Penelope vor (159 sqq.):

Ithacesia primum
fabula, Dulichiique lares formantur, et ipsam
Penelopen tardas texit distexere telas.

Ebenso wird im Eingang einer Philostratischen Gemäldebeschreibung (II, 28) ein Bild erwähnt, das Penelope am Web-
stuhl darstellte, wie sie unter Thränen ihre Arbeit wieder
auflöst. Die Verse des Sidonius verrathen in dem Streben
nach Alliteration und der Antithese texit distexere wieder

---

[1]) Wandgemälde: Helbig, Verzeichniss 1123 und Nachträge, S. 458;
die plastischen Darstellungen sind von Heydemann, Arch. Zeitg.
1868, S. 33 gesammelt; am ausdrucksvollsten ist das Innenbild der Hil-
desheimer Schale: Wieseler, Winckelmannsprogr. des Vereins der
Alterthumsfreunde im Rheinlande 1868, Taf. III, 1.
[2]) Carm. IX, 91 sqq. u. XIII, 11 sqq.

ganz die bekannten Eigenthümlichkeiten unseres Dichters,
ausserdem aber vielleicht auch eine Benutzung von Ovids
Amoren (III, 9, 30), wo der ganze Inhalt der Odyssee zusammenfassend mit den Worten angedeutet wird:

> tardaque nocturno tela retexta dolo.

Die folgenden Darstellungen werden von Sidonius in mehr
erzählender Weise vorgetragen; zunächst schildert er Orpheus
(162 sqq.):

> Taenaron hic frustra bis rapta conjuge pulsat
> Thrax fidibus, legem postquam temeravit Averni,
> et prodesse putans iterum non respicit umbram,

eine Beschreibung, welche durch einzelne Anklänge ihre Verwandtschaft mit der bekannten Erzählung Ovids [1]) nicht
undeutlich hindurchblicken lässt. Hierauf folgt die Darstellung
der aufopfernden That der Alcestis, welche oben (S. 72) bei
Gelegenheit der Parzen angeführt worden ist, und sodann eine
Schilderung von ausgeprägt rhetorischem Charakter (168 sqq.):

> hic nox natarum Danai lucebat in auro,
> quinquaginta enses genitor quibus impius aptat,
> et dat concordem discordia jussa furorem,
> solus Hypermnestrae servatus munere Lynceus
> effugit. aspicias illam sibi parva paventem,
> et pro dimisso tantum pallere marito.

Die übertreibende und gesuchte Form dieser Darstellung
werden wir wiederum auf Rechnung unseres Dichters zu setzen
haben, für den Gegenstand aber hat er vielleicht eine Quelle
benutzt, welche indirect auf ein Kunstwerk, wenn auch nicht
gerade auf ein Gemälde zurückführt. Durch wiederholte
Erwähnungen bei Properz [2]) und Ovid wissen wir, dass in dem

---

[1]) Metam. X, 8—75; vgl. 64 gemina nece conjugis und 50 hanc
simul et legem Rhodopeïus accipit Orpheus.

[2]) El. II, 31 (III, 29 L. Müller) und dazu Hertzberg (III,
p. 207 seiner Ausg.); die übrigen Stellen bei Jahn, Arch. Aufs.,
S. 22 ff. (S. 24 „auch lässt sich eine Gruppe von Danaiden, um den

von Augustus erbauten Porticus des Palatinischen Apollo eine
Statuengruppe aufgestellt war, welche die Danaiden und ihren
Vater mit dem Schwerte zum Mord bewaffnet darstellte.
Vielleicht hat Sidonius eine solche Schilderung dieses Werkes
hier vor Augen gehabt, doch ist unter den erhaltenen keine,
welche die Gruppe des von Hypermnestra geretteten Lynceus
erwähnt; dagegen ist in einer Heroide Ovids (XIV) diese
Rettung behandelt und daher auch die Möglichkeit gegeben,
dass Sidonius aus ihr den Stoff entnommen haben kann;
ausserdem aber erinnert das Motiv der Hypermnestra, welcher
man ansieht, dass sie nicht für sich, sondern für ihren Gatten
erzittert, an eine Stelle Claudians (L, Idyll VII, 14), in welcher ebenfalls von einem Kunstwerk, den Statuen der Cata-
naeischen Brüder, gesagt wird:

> atque oneri metuens, impavidusque sui.

Auf diese Darstellung lässt Sidonius wieder eine Schilderung von derselben Art, wie die letzte des ersten Gewebes
folgen, eine Aufzählung von Liebesabenteuern des Jupiter,
wie dort von Thaten des Hercules. Zu diesem Gegenstand,
welcher neben dem Inhalt der übrigen hier beschriebenen
Bilder so unpassend wie möglich gewählt ist, hat unseren
Dichter offenbar nur die Nachahmung Ovids verführt, der,
wie wir sahen, an jener von Sidonius hier benutzten Stelle
von Arachne ebenfalls die Liebesverwandlungen Jupiters darstellen lässt. Ausserdem folgt Sidonius hier noch seiner
Neigung für gewisse Verskünsteleien, die sich bei dieser Gelegenheit anbringen liessen:

> jamque Jovem in formas mutat, quibus ille tenere
> Mnemosynen, Europam, Semolen, Ledam, Cynosuram
> serpens, bos, fulmen, cygnus, Dictynna solebat.

Es sind dies „vers rapportés", bei denen es darauf an-
kommt, die auf einander bezüglichen Worte verschiedener

Vater versammelt, welcher ihnen befiehlt, die Freier zu tödten, als ein
dankbarer Vorwurf für den Künstler denken."

Verse durch die entsprechenden Stellen innerhalb derselben zu
verbinden; diese Entsprechung ist hier überall leicht verständlich, auffallend bleibt nur die Verbindung Mnemosyneser-
pens. Erstere ist bekanntlich von Zeus Mutter der Musen [1]),
ohne dass dabei von einer Verwandlung die Rede wäre, dagegen ist es Demeter oder Persephone, mit der sich der Gott
in Gestalt einer Schlange verbindet. Doch wäre es irrig, aus
dieser Stelle des Sidonius auf eine abweichende mythologische
Version zu schliessen; sie erklärt sich vielmehr einfach als
ein Missverständniss des Ovidischen Verses, den Sidonius hier
im Sinne hat, in welchem diese beiden Liebesabenteuer zusammengefasst sind (Metam. VI, 114):

> Mnemosynen pastor, varius Deoïda serpens.

Die Auffassung des alten theogonischen Mythos von der
Erzeugung der Musen als eine Art Schäferspiel lässt schon
bei Ovid eine spätere Ueberlieferung erkennen, aber Sidonius
entstellt vollends den Zusammenhang, indem er die Versglieder
chiastisch verbindet und somit die beiden Mythen verwechselt.

Nach den bisher betrachteten Darstellungen schildert
Sidonius noch ein Gemälde, welches Araneola als eine ironische
Herausforderung entwirft, während die Göttin der Weisheit
herankommt, um sie mit dem Philosophen, ihrem Schüler, zu
verbinden (182 sqq.):

> pingere philosophi victricem Laida coepit,
> quae Cynici per menta feri rugosaque colla
> rupit odoratam redolenti forcipe barbam.

Wo wir einen solchen Gegenstand bei Sidonius antreffen,
wird nach den bisherigen Erfahrungen die erste Frage die
nach seiner Quelle sein müssen; es ist mir nicht gelungen,
für dies Bild eine solche aufzufinden, aus der es unmittelbar
entlehnt sein könnte und doch ist es nicht von der Art, dass
wir seine Erfindung Sidonius selbst zutrauen dürften. Die

---

[1]) Hesiod, Theog. 53 sqq. 915 sqq.

Anekdote von der Ueberwindung des Cynikers durch die Hetäre
ist mehrfach überliefert [1]), jedoch ohne einen Anhaltspunkt
für eine Situation wie die hier geschilderte zu bieten, während
dieser grade als Inhalt eines Gemäldes ein gewisser Reiz
nicht abzusprechen ist [2]). Athenäus erzählt bei dieser Gelegenheit von Lais, dass sie wegen ihrer Schönheit vielfach
von Malern als Modell gesucht wurde, und bringt sie sogar
in ein persönliches Verhältniss zu Apelles; es kann daher
nur als wahrscheinlich bezeichnet werden, dass sie auch in
dieser Scene dargestellt worden sein mag und dass ein Gemälde von dem Inhalt des hier beschriebenen durch literarische
Ueberlieferung bis auf Sidonius gekommen ist.

Als ein noch späteres Zeugniss für die Existenz eines
solchen Bildes ist ein Epigramm des Luxorius [3]) anzuführen, das durch eine glückliche und naheliegende Emenda-
tion L. Müllers [4]) von dem unnöthigen Schmutz einer Ueber-
schrift befreit worden ist, die es in unserer Ueberlieferung
entstellte. Es lautet mit diesen Verbesserungen:

Diogenem meretrix derisum Laida monstrat
barbatamque comam frangit amica Venus.
nec virtus animi nec castae semita vitae
philosophum revocat, turpe iter isse virum.
hoc agit infelix, alios quo saepe notavit,
quodque nimis miserumst: pingitur artis opus [5]).

---

[1]) Lucian, Ver. hist. II, 18. Athenaeus 588, C u. E.

[2]) Das Motiv erinnert einigermassen an die Philostratische Schilderung des von den Nymphen geborenen Pan (II, 11): τὸ δὲ δὴ γένειον,
οὗ πλεῖστος αὐτῷ λόγος, ἐξύρηται, μαχαιρίδων ἐσβεβληκυιῶν ἐς αὐτό.
Ausserdem verräth die Zusammenstellung der Worte „ odoratam redolenti "
einen Anklang an eine Stelle Claudians (Carm. XXII, 420, ein auch
sonst vielfach von Sidonius benutztes Gedicht): odorati redolent; inhaltlich hat diese freilich nichts mit der des Sidonius gemeinsam, es ist hier
vom Phönix die Rede.

[3]) Anthol. lat., Riese 374.

[4]) Fleckeisens Jahrb. XIII, 1867, S. 785 f. mit der Anmerkung:
„ anderweit wird, so weit mir bekannt, von diesem Rencontre nichts
vermeldet ".

[5]) Der Salmasianus hat V. 4 turpiter esse virum u. V. 6 ríngitur artis

Dies Epigramm bietet keinen Grund zu der Annahme,
dass Luxorius seinen Gegenstand aus jener Stelle des Sidonius
entnommen habe, und dass es wirklich durch ein Gemälde
dieses Inhalts hervorgerufen ist, wird durch die zahlreichen
anderen Epigramme desselben Verfassers, welche sich gleichfalls auf Kunstwerke beziehen [1]), noch wahrscheinlicher gemacht.

Ausser diesen fingirten Darstellungen findet sich bei
Sidonius noch einmal die Beschreibung eines Wandgemäldes,
welche wirklich aus der Anschauung eines vorhandenen Kunstwerkes hervorgegangen scheint, und diese Stelle ist, bis auf
einige ganz beiläufige Erwähnungen von Künstlernamen [2])

---

opus, was Riese und Teuffel (Röm. Literaturgeschichte 476, 3) bei-
behalten.

[1]) Riese, Anth. lat., Nro. 334 sq. 347 sq. 355 sq. 371; eine Untersuchung über die literarischen oder künstlerischen Vorbilder dieser Epigramme und der übrigen derselben Art in der römischen Anthologie
wäre immerhin wünschenswerth, wenn auch das Ergebniss für die Kunst
dabei voraussichtlich noch negativer ausfallen dürfte, als es bei der Behandlung der griechischen Anthologie (Benndorf, De anth. gr. epigr.
quae ad artes spectant) der Fall war.

[2]) Carm. XXIII, 502 sqq.: Quales nec statuas imaginesque, aere aut
marmoribus, coloribusque, Mentor, Praxiteles, Scopas dederunt; quantas
nec Polycletus ipse finxit, nec fit Phidiaco figura caelo. Das Oberfläch-
liche dieser Aufzählung bekannter Namen geht schon daraus hervor, dass
nach den Bildern und Farben ein Maler nicht genannt wird, wenn wir
nicht gar aus der entsprechenden Stellung in den vers rapportés ent-
nehmen müssen, dass Sidonius Scopas dafür hielt; es wäre kaum nöthig
gewesen, diese Stelle unter die Schriftquellen der Kunstgeschichte (Overbeck, Nro. 1189 bei Scopas) aufzunehmen. Wie geläufig noch zu seiner
Zeit solche Namen waren, zeigt eine andere Stelle des Sidonius (Epp.
VII, 3), an welcher er einem Freunde auf seine Bitte ein literarisches
Product übersendet mit dem schmeichelhaften Zusatz, es sei diess, als
wenn er Wasser in den Fluss oder Holz in den Wald trage, „hac enim
temeritate Apellem peniculo, caelo Phidiam, malleo Polycletum mune-
raremur". Man thut dieser Stelle vielleicht schon zuviel Ehre an, wenn

— ein Gemeinplatz römischer Dichter — die einzige in seinen
Gedichten [1]), bei welcher eine unmittelbare Beziehung zur bildenden Kunst zuzugestehen ist. Sidonius schildert hier (XXII,
101 sqq.) in dem „Burgus Pontii Leontii" den Landsitz eines
gallischen Freundes nach dem Vorbild der Villa des jüngeren
Plinius (Epp. II, 17), das er besonders durch die Pracht der
Ausstattung noch zu übertreffen sucht (vgl. 136 sqq.).

Im Inneren des Hauses erwähnt er eine Darstellung, von
welcher er nur kurz den Inhalt angiebt (201):

> fert recutitorum primordia Judaeorum,

während er im Uebrigen nichts als die Dauerhaftigkeit der
Farben daran hervorzuheben weiss. Von einer solchen Darstellung eines alttestamentlichen Gegenstandes können wir uns
keine rechte Vorstellung machen und würden wohl geneigt
sein, an einen blossen Einfall des bischöflichen Dichters zu
denken, wenn nicht das andere Bild, das er bei dieser Gelegenheit beschreibt, eine historische Darstellung enthielte,
deren Erfindung wir unmöglich ihm selbst zutrauen können.
Dies ist ein Wandgemälde in dem Porticus jenes Wohnsitzes
(158 sqq.):

> sacra tridentiferi Jovis hic armenta profundo
> Pharnacis immergit genitor. percussa securi
> corpora cornipedum, certasque rubescere plagas
> sanguineo de rore putes. stat vulneris horror
> verus, et occisis vivit pictura quadrigis.

---

man annimmt, dass er durch die verschiedenen Attribute Phidias, wie
vorher Praxiteles, als Marmorarbeiter, Polyklet vorwiegend als Erzbildner
habe charakterisiren wollen.

[1]) In den Briefen (Epp. II, 2, p. 36 Sirmond, 4°) spricht er einmal
mit Geringschätzung von den Gegenständen der antiken Wandmalerei,
die ihm sittlich anstössig erschienen; Epp. IX, 9 (p. 265 Sirm.) von den
Darstellungen griechischer Philosophen „quod per gymnasia pingantur
Areopagitica vel Prytaneum", aber im Einzelnen in so nichtssagender
und gesuchter Weise, dass daraus für die Iconographie wenig zu lernen
ist (Visconti [Icon. Grecque I, p. 94. 187 u. ö.] giebt sich vergebliche
Mühe).

Ponticus hinc rector numerosis Cyzicon armis
claudit. at hinc sociis consul Lucullus opem fert,
compulsusque famis discrimina summa subire,
invidet obsesso miles Mithridaticus hosti.
enatat hic pelagus Romani militis ardor,
et chartam madido transportat corpore siccam.

Der Gegenstand dieses Bildes ist eine Episode aus dem
dritten Mithridatischen Kriege, der Kampf um die Stadt
Cyzicus [1]), die von Mithridates belagert wird, während Lucullus
ihr zu Hülfe kommt, indem er das Belagerungsheer von der
Landseite her abschliesst und durch Abschneiden aller Zufuhr
in die grösste Noth bringt. Wir werden hier nicht zwei getrennte Darstellungen anzunehmen haben, sondern zwei Scenen
desselben Gemäldes: das Pferdeopfer, welches Mithridates dem
Neptun darbringt, indem er die geschlachteten Thiere ins Meer
versenkt, und die belagerte Stadt, beides Gegenstände, von deren
Darstellung wir uns nach erhaltenen römischen Reliefs, z. B.
der Trajanssäule, sehr wohl eine Vorstellung machen können.
Ist nun schon an sich nicht erfindlich, wie Sidonius grade auf
diese Scene verfallen sein sollte, wenn es ihm hier nur darauf
ankam, eine beliebige historische Darstellung zu fingiren, so
wird dieser Gedanke, wie mir scheint, vollends ausgeschlossen
durch die innere Wahrscheinlichkeit seiner Beschreibung, in
welcher grade das Charakteristische jenes historischen Moments
in so treffender und prägnanter Weise zum Ausdruck kommt,
wie es nur von einer wirklichen künstlerischen Darstellung
desselben zu erwarten ist.

Zunächst ist das Rossopfer an Poseidon höchst bezeichnend
für die bedrängte Lage des Mithridates, welcher, zwischen der
belagerten Stadt und dem römischen Heere eingekeilt, und von
jeder Communication zu Lande abgeschnitten, bald an Lebens-
mitteln und Fourage den empfindlichsten Mangel litt, so dass
er Tross und Reiterei, nur um sich ihrer zu entledigen, nach

---

[1]) Marquardt, Cyzicus und sein Gebiet, S. 75 ff.; Mommsen,
Röm. Gesch. (6. Aufl.) III, S. 59 ff.

Bithynien hin entliess [1]), auf die Gefahr hin, den Römern in die Hände zu fallen, wie es auch in der That geschah. In dieser Situation war es allerdings für Mithridates die beste Verwendung seiner ihm selbst gänzlich unnützen Pferde, die er überdies nicht erhalten konnte, wenn er sie dem Meergott, auf dessen Gunst und Gnade er ausschliesslich angewiesen war, zum Opfer darbrachte:

> tanta adeo, quum res trepidae, reverentia divum
> nascitur, at rarae fumant felicibus arae!

Aber während so der König als mächtigsten Bundesgenossen den Beistand des Gottes zu gewinnen sucht, machen sich die Römer das Element selbst gegen ihn dienstbar. Das entscheidende Moment des Kampfes lag in der Verbindung zwischen den Belagerten in der Stadt und dem Heere des Lucullus gegenüber auf dem Festland; denn die als Cyzicener bei dem plötzlichen Angriff des Mithridates mit seinem ungeheuren Heere schon fast verzagten, werden sie durch die Nachricht von der Nähe des römischen Ersatzheeres zum energischsten Widerstand ermuthigt. Diese Nachricht überbrachte ein Taucher, der mitten durch die feindlichen Schiffe hindurch in die Stadt eindrang [2]), und mit grosser Geschicklichkeit hat der Künstler dies Motiv ergriffen, um durch die glückliche Ausführung des kühnen Unternehmens auf den schliesslichen Ausgang des Kampfes, den Erfolg der römischen Waffen hinzuweisen.

Wir gewinnen damit eine Darstellung, welche das Wesentliche dieses historischen Ereignisses in wenige, für den Künstler wirkungsvoll zu gestaltende Züge zusammendrängt und — indem sie den Beschauer in Gedanken über den unmittelbar wiedergegebenen Moment hinausführt — auch den höheren Anforderungen, die wir an eine historische Composition stellen können, entspricht.

---

[1]) Plutarch, Lucull. XI; Appian, Mithrid. 75.

[2]) Florus I, 40, 16 (Halm); Plutarch, Lucull. IX spricht nur von einem Boten Demonax.

Die Ereignisse dieses Krieges waren, wie Appian [1]) berichtet, auf Gemälden dargestellt, welche in dem glänzenden Triumphzug, den Pompejus im Jahre 61 v. Chr. über den Osten hielt, aufgeführt wurden, und wenn wir auch das Original des von Sidonius beschriebenen Gemäldes wohl kaum zu diesen ephemeren Producten rechnen dürfen, welche nur für den Zweck einer vorübergehenden Schaustellung entstanden, so werden wir doch seine Entstehung ungefähr auf dieselbe Zeit zurückzuführen haben.

An sich ist es nichts Unwahrscheinliches, dass sich die Nachbildung eines solchen historischen Gemäldes noch zur Zeit des Sidonius [2]) in dem künstlerisch ausgeschmückten Hause eines reichen gallischen Provinzialen befunden habe; und unsere Kenntniss der antiken Historienmalerei ist nicht von der Art, dass wir einen solchen Zuwachs nicht gern annehmen sollten.

---

[1]) Mithrid. 117: Die gefangenen Fürsten der überwundenen Völker wurden im Triumphzuge einhergeführt „τῶν δὲ οὐκ ἀφικομένων εἰκόνες παρεφέροντο, Τιγράνους καὶ Μιθριδάτου, μαχομένων τε καὶ νικωμένων καὶ φευγόντων. Μιθριδάτου δὲ καὶ ἡ πολιορκία, καὶ ἡ νὺξ ὅτε ἔφευγεν, εἴκαστο, καὶ ἡ σιωπή. ἐπὶ τέλει δὲ ἐδείχθη καὶ ὡς ἀπέθανεν" κ. τ. λ.

[2]) Bei diesem noch eine auf Autopsie beruhende Gemäldebeschreibung anzutreffen, ist nicht auffallender, als wenn A u s o n i u s, bei dem sonst so wenig von eigentlicher Kunstanschauung zu finden ist, wie bei unserem Dichter, einmal (Idyll. VI; vgl. F r i e d l ä n d e r, Ueber den Kunstsinn der Römer, S. 27 f., Anm. 31) ein Wandgemälde in Trier schildert, dessen wirkliche Existenz durch erhaltene Darstellungen ähnlichen Inhalts bestätigt wird.

Druck von Friedr. Andr. Perthes in Gotha.